SOU **MULHER,** SOU **LÍDER**

Um guia para se comunicar com sucesso

Leny Kyrillos e *Cássia Godoy*

SOU **MULHER,** SOU **LÍDER**

Um guia para se comunicar com sucesso

editora**contexto**

Capa
Thomás Coutinho

Diagramação
Gustavo S. Vilas Boas

Coordenação de textos
Luciana Pinsky

Preparação de textos
Lilian Aquino

Revisão
Bia Mendes

Dados Internacionais de Catalogação na Publicação (CIP)

Kyrillos, Leny
Sou mulher, sou líder : um guia para se comunicar
com sucesso / Leny Kyrillos, Cássia Godoy. –
1. ed., 2ª reimpressão. – São Paulo : Contexto, 2023.
192 p.

Bibliografia
ISBN 978-65-5541-207-9

1. Liderança em mulheres 2. Mulheres – Líderes – Entrevistas
3. Comunicação I. Título II. Godoy, Cássia

23-0509 CDD 658.4092082

Angélica Ilacqua – Bibliotecária – CRB-8/7057

Índice para catálogo sistemático:
1. Liderança em mulheres

2023

EDITORA CONTEXTO
Diretor editorial: *Jaime Pinsky*

Rua Dr. José Elias, 520 – Alto da Lapa
05083-030 – São Paulo – SP
PABX: (11) 3832 5838
contato@editoracontexto.com.br
www.editoracontexto.com.br

Sumário

INTRODUÇÃO

Mulheres no mercado de trabalho. Por que a participação delas ainda é menos significativa, muitas vezes menos valorizada, e o acesso é tão desafiador? O aspecto cultural certamente influencia a ocorrência de vieses que podem impactar na busca por oportunidades, na seleção das profissionais e na percepção de quem contrata.

Por outro lado, de forma positiva e otimista, observamos várias mulheres que, apesar desse cenário, conquistam cargos de liderança e entregam realizações de destaque e de muita qualidade. O que será que acontece? Quais fatores interferem para algumas sucumbirem aos desafios e outras os enfrentarem com sucesso? Como o comportamento da mulher determina esse resultado?

Quando o cenário sociocultural é muito arraigado e estabelecido, será que o comportamento individual pode determinar os resultados obtidos? Por que, apesar do contexto desafiador e exigente de forma injusta, algumas mulheres se destacam e atingem seus objetivos?

Esses questionamentos levaram a nós, as autoras Leny Kyrillos e Cássia Godoy, a buscar entender melhor o processo da liderança feminina. Acreditamos que características de comportamento, atitudes determinam respostas, reações do meio, que podem ser mais ou menos favoráveis, mais ou menos limitantes. Entender que essas respostas dependem da nossa atuação traz uma grande responsabilidade, mas também muita autonomia. Permite que sejamos protagonistas de nossas vidas e de nossas carreiras, o que é libertador e muito prazeroso.

Eu, Leny, no meu contato profissional com inúmeras mulheres em postos de liderança, tive a oportunidade de identificar características, modos de pensar, de agir que certamente justificavam claramente o sucesso alcançado. Percebi também, por outro lado, o tanto que esse processo era muitas vezes mais desafiador e "dolorido" por conta de crenças, inseguranças, receios herdados e muitas vezes infundados. O tema virou uma obsessão... Como profissional envolvida com elas, como mulher e principalmente como ser humano, senti a necessidade de estudar mais, pesquisar, observar esse universo e colocar os achados, as conclusões, as sugestões e as dicas trabalhadas à disposição e a serviço de mais pessoas.

Este livro é o resultado de nossas inquietações, observações e intervenções nessa seara instigante, necessária e tão relevante para todos nós. Apesar do tema já ser bastante debatido, entendemos que nossa abordagem, fruto da reflexão de duas mulheres e profissionais com experiências diferentes, complementares, certamente contribui e agrega mais elementos para o desenvolvimento e os aprimoramentos de pessoas, em diferentes níveis de atuação. Assim, optamos por trazer a visão e a percepção de algumas mulheres que "chegaram lá" para refletirmos e propormos formas positivas de atuação, para quem pretende entender melhor o cenário, atingir objetivos, buscar sua realização. Entendemos que a experiência prática traz informações e ganhos importantes; porém, essa experiência precisa ser compreendida e assimilada à luz da ciência, da análise e da reflexão, para poder ser efetivamente aplicada com sucesso. Este livro traz a junção desses dois lados: depoimentos inspiradores e reais e o embasamento teórico, o acesso a dados e informações relevantes para nos entendermos e para escolhermos crenças, atitudes e comportamentos de sucesso.

Um estudo da consultoria Thomas International com 274 pessoas no Reino Unido, na Holanda e na Austrália realizou avaliações psicométricas para medir os traços de personalidade de executivos. Os resultados mostraram que não há diferença expressiva de habilidades e nem de inteligência emocional, como adaptabilidade, expressão de emoção, empatia, autoestima, consciência, resiliência, curiosidade entre homens e mulheres líderes. Assim, entendemos que, certamente, os resultados obtidos em nossa vida profissional dependem do nosso modo de agir e de nos comportarmos!

Aqui discutimos sobre atitude, sobre como os sinais que nós emitimos geram percepções e definem os retornos que obtemos. E sabemos o tanto que as mulheres estão ativamente em busca de uma maior compreensão desse tema para nortear a sua atuação.

Desde as primeiras edições do programa *Comunicação e Liderança*, que passamos a fazer juntas na rádio CBN em 2017, percebemos o quanto a demanda das mulheres era crescente: elas queriam se comunicar melhor e saber como lidar com um mundo ainda tão resistente à nossa chegada aos postos de comando.

Esse movimento passou a chamar a nossa atenção e ficou no nosso radar. E eu, Leny, fonoaudióloga por formação e estudiosa dos fenômenos da comunicação, já havia escrito outras obras que envolviam comunicação e liderança e queria uma parceira para um livro sobre liderança feminina.

A escolha recaiu sobre quem estava bem perto, no microfone ao lado. A jornalista e companheira de coluna Cássia Godoy sempre participou ativamente das nossas conversas, com comentários interessantes e perguntas pertinentes. Desde o início da nossa atuação conjunta no quadro, o tema liderança feminina sempre esteve presente. A comunicação estabelecida pelas mulheres, a forma como podemos gerar percepção positiva e, consequentemente, respostas colaborativas foram discutidas por nós, a partir dos pedidos de várias ouvintes. A mulher no mercado de trabalho, com suas características, sua forma de liderar, suas fortalezas e eventuais pontos de cuidado eram assuntos recorrentes, e geraram muitas reflexões e discussões. Era o momento de convidar a Cássia!

Eu, Cássia, gostei da ideia, mas confesso que fiquei reticente em embarcar no projeto. Tive muitas dúvidas. Não sobre a importância do tema ou a capacidade de uma especialista como a Leny. Mas sobre a minha contribuição aqui.

E foi justamente ao refletir sobre essa hesitação que decidi topar a empreitada. Talvez mais uma prova da pertinência do livro: nós, mulheres, nos questionamos demais quando somos convidadas a fazer parte de um projeto interessante ou quando recebemos uma promoção. Somos infelizmente mais impactadas por um diálogo mental nada gentil nem justo com a nossa história profissional nessas situações. Aliás, ao longo do livro, apresentamos essas ideias em detalhes.

Depois de trocarmos ideias, concluímos que a primeira parte da obra consistiria em entrevistar mulheres que alcançaram expressivos cargos de liderança ou destaque em suas áreas de atuação. Assim, fizemos uma lista de 13 profissionais de perfis variados e que tinham em comum o fato de estarem no topo: de empresas dos outros, das empresas delas ou das próprias carreiras.

Coube à Cássia conversar com esse elenco destacado. As entrevistas trouxeram depoimentos que expressam e exemplificam as dores e as delícias de ser líder e de ocupar o espaço que queriam e que conquistaram.

A segunda parte do projeto seria embasar e fundamentar as ideias geradas pelas conversas com uma série de dados e de conceitos que dessem um panorama da situação da mulher no mercado de trabalho, além de contextualizar questões levantadas pelas entrevistadas.

Com os depoimentos dessas mulheres de trajetórias bem-sucedidas e informações que permitiam entender o tempo e o ambiente em que vivemos, passamos a trabalhar com afinco e muita vontade para a realização desta obra.

Nosso intuito é mostrar que, apesar dos enormes desafios e de um mundo de circunstâncias que não dependem exclusivamente de nós, os caminhos existem. E são tão plurais quanto nós, mulheres.

Que sejamos inspirações umas para as outras!

Nossas entrevistadas

Albertina Duarte Takiuti, coordenadora do Programa Saúde da Adolescente da Secretaria Estadual de Saúde de São Paulo e chefe do Ambulatório de Ginecologia da Adolescente da USP.

Ana Carla Abrão, líder do escritório da consultoria de gestão Oliver Wyman no Brasil.

Betania Tanure, PhD, sócia-fundadora da BTA, membro do Conselho de Administração do Magalu, MRV, Mulheres do Brasil e do Inhotim.

Claudia Sender, conselheira de Gerdau, Estácio, Lafargeholcim e Telefónica. Foi a primeira mulher a controlar uma empresa aérea brasileira, a TAM, posição assumida em maio de 2013.

Glaucimar Peticov, diretora-executiva de recursos humanos do Bradesco.

Maju Coutinho, jornalista e apresentadora da TV Globo.

Natalia Pasternak, microbiologista, presidente do Instituto Questão de Ciência, pesquisadora acadêmica da Universidade de Colúmbia e ganhadora do prêmio Jabuti com o livro *Ciência no cotidiano*, que escreveu com Carlos Orsi.

Patrícia Freitas, vice-presidente de parcerias da Prudential do Brasil.

Rose Del Col, conselheira da empresa multinacional de serviços financeiros Unlimint.

Rosana Hermann, escritora e criadora de conteúdo. Formada em Física com pós-graduação em Física Nuclear. Jornalista. Autora, entre outros títulos, de *Celular doce lar*.

Susana Fagundes, diretora jurídica e de relações institucionais da Localiza.

Tabata Amaral, deputada federal pelo PSB de São Paulo, ativista pela educação brasileira, formada em Ciência Política e Astrofísica.

Valéria Reani Rodrigues Garcia, advogada especialista em direito digital, *compliance* e privacidade de dados. Presidente da Comissão Especial de Privacidade e Proteção de Dados Pessoais da OAB Campinas.

A CONQUISTA DO ESPAÇO

Organizações, equipes e a sociedade têm muito a ganhar quando apostam em líderes mulheres. São vários os pontos fortes da liderança feminina. Dentre os mais citados estão a flexibilização, a capacidade de colaboração, o impulso à diversidade, a criatividade e a inovação. Esses fatores certamente são essenciais para que as empresas se mantenham competitivas.

Apesar disso, executivas, gestoras e empreendedoras ainda enfrentam barreiras para assumir posições de liderança. Mesmo quando chegam lá, seguem encarando dificuldades.

Entre as 90 empresas que integram o Ibovespa, 71 contam com mulheres em seus

conselhos de administração. Mas no cômputo geral das cadeiras, a presença feminina ainda é diminuta. Dos 777 assentos, 658 são ocupados por homens (84,7%), de acordo com levantamento feito pela Teva Índices a pedido da CNN Brasil Business.

Há, no entanto, alguns sinais de avanços. Estudo da consultoria SpencerStuart aponta que nas cerca de 400 empresas listadas na B3, a bolsa de valores brasileira, as mulheres ocupavam 14,3% das vagas nos conselhos em 2021. No ano anterior, esse índice era de 11,5%.

Quando consideramos o setor público, a situação é semelhante: apenas 5% das estatais têm mulheres no principal posto executivo, de acordo com levantamento feito pelo jornal *O Globo*, em 2018.

Um cenário parecido com o que acontece em outros mercados de trabalho. No ranking da Fortune de 2021 com as 500 maiores dos Estados Unidos, as empresas comandadas por mulheres perfazem 8,1% do total. Em termos históricos, porém, representam um recorde, com 41 executivas no topo das organizações, sendo duas delas negras.

Segundo a pesquisa "A mulher na comunicação – sua força, seus desafios", realizada pela Associação Brasileira de Empresas de Comunicação (Aberje), em 2022, com 554 mulheres de todo o país, ainda é maior o número de homens em cargos de liderança na maioria (61%) das organizações atuais das participantes, porém, em 19% das organizações, o número de mulheres em cargos de liderança já é maior, e, em 13%, é igual o número de homens e mulheres. A pesquisa aponta que 41% das participantes se sentem desconfortáveis (31%) e muito desconfortáveis (10%) com esse desequilíbrio entre homens e mulheres em cargos de liderança.

E por que isso acontece?

Existem barreiras específicas de gênero, que dificultam esse acesso. Não basta que as mulheres sejam competentes. É fundamental que aquelas que querem ser líderes aprendam a detectar e superar as barreiras externas e internas de gênero que atrapalham o desenvolvimento da carreira.

"Via cada vez menos mulheres à medida que ia subindo na hierarquia das empresas. Mas mesmo em posições iniciais na minha carreira, muitas vezes, eu era a única mulher na sala: isso acontecia na própria empresa, nos clientes e parceiros. Participava de reuniões com 15, 20 pessoas e eu a única mulher. A minha presença mexia com o ambiente. Quando eu chegava, a dinâmica mudava um pouco."

Susana Fagundes, diretora jurídica e de relações institucionais da Localiza

A diversidade nas empresas traz vantagens, já estudadas e comprovadas. Se até um tempo atrás ter grupos diversos era algo "simpático" e diferente, hoje é reconhecidamente uma vantagem competitiva.

O estudo "Getting to Equal 2019: Criando uma cultura que impulsiona a inovação", publicado pela Accenture, mostrou que "a cultura da igualdade impulsiona a inovação e que um ambiente fortalecedor, com um alto senso de pertencimento e aprendizado, é um ingrediente essencial".

A diversidade potencializa a inovação, na medida em que traz mais criatividade e pontos de vista diferentes que se somam. Funciona também como atrativo de grandes talentos, chave para o sucesso e o desenvolvimento da empresa.

Vale lembrar que, historicamente, grandes inovações surgiram a partir de iniciativas de mulheres. Como a programação de computadores, viabilizada pela almirante estadunidense Grace Hopper, na década de 1940, e a energia solar, desdobrada de estudos da inventora húngara Maria Telkes, em 1947.

Uma pesquisa do Peterson Institute for International Economics, realizada nos Estados Unidos e publicada em 2016, avaliou o impacto da diversidade de gênero na rentabilidade das empresas. Os dados mostram que a presença de mais mulheres em posições executivas tem correlação com o aumento da lucratividade das organizações. Essa constatação atraiu mais o olhar dos empresários, já que lucro é algo essencial para a sustentabilidade das empresas.

A diversidade confere vantagens também no âmbito do conselho das empresas, conforme explica **Claudia Sender**, conselheira de Gerdau, Estácio, Lafargeholcim e Telefónica:

> "Se você conseguir montar um grupo funcional, de pessoas que discordem com respeito e de forma construtiva, os pontos de vista diferentes fazem chegar num resultado melhor. Porque você olha o problema por diferentes pontos de vista, deixa menos áreas descobertas. A mulher tende a ver os problemas de maneira diferente do homem."

Além de resultados objetivos, a presença de mulheres em cargos de liderança gera o estabelecimento de um melhor clima no trabalho. Colaboradores liderados por mulheres mencionam a percepção de um ambiente com mais empatia e acolhimento e uma maior tolerância em relação a eventuais erros, o que favorece a criatividade.

De uma forma geral, as mulheres são bem preparadas técnica e comportamentalmente para assumirem esses cargos. Esse é um dado observado e descrito em vários estudos sobre liderança feminina, e que reforça o quanto buscamos nos preparar bem para provar que somos capazes. Porém, é importante que as empresas busquem favorecer o ingresso de mulheres por meio de ações para aumentar a diversidade.

A liberdade para o cumprimento de horário flexível é um aspecto que merece especial atenção. Mulheres são muito demandadas, em várias frentes: profissional, doméstica, familiar. A possibilidade de jornada em *home office* ou híbrida é outra vantagem que permite melhor atuação profissional, e que vem se mostrando um facilitador para que as mulheres consigam manejar melhor todas as demandas. Quando entendemos a importância de reforçarmos a diversidade nas empresas, esses detalhes auxiliam o processo.

ASSERTIVIDADE, SIM. EMPATIA TAMBÉM

Liderança é um conceito que vem se modificando ao longo do tempo. Nós saímos da fase do "manda quem pode, obedece quem tem juízo" para uma busca ativa pelo engajamento, pela motivação, pela inspiração. Hoje o que se almeja é uma liderança mais humanizada.

A partir de 2020, a pandemia da covid-19 intensificou essa demanda. Houve uma sensação de maior vulnerabilidade, uma sensibilidade mais aguçada das pessoas. Emergiu também uma maior compreensão de que não existe uma separação tão demarcada entre os ambientes organizacionais e os contextos pessoais.

"Eu não acredito em separação de vida pessoal e vida profissional. É uma teoria impossível de se concretizar. As duas coisas se misturam de alguma forma ou têm zonas de sombreamento. A pessoa é uma só. Não tem Betania profissional, Betania família, Betania amiga, Betania... É tudo junto e misturado. É claro que precisamos ter consciência de qual chapéu estamos usando em cada momento. Para quem gosta do que faz, como eu gosto, essa necessidade de separar vida pessoal e vida profissional fica menos relevante. Porque a vida profissional também é recheada de prazer e gosto, de alma."

Betania Tanure, sócia-fundadora da BTA

O *home office* acentuou ainda mais essa sobreposição. Episódios antes não tolerados, como crianças aparecendo no meio de uma reunião virtual, passaram a ficar mais familiares.

O conceito de liderança na atualidade inclui uma busca por um cuidado maior com o outro. Por serem características mais femininas, as líderes tendem a exercer um papel mais em sintonia com os novos tempos.

Quando consideramos estereótipos, o líder masculino é tido como objetivo, assertivo, que vai direto ao ponto. As mulheres, no início da conquista dos postos de liderança, tinham o modelo masculino como referência. Havia um esforço para reproduzir um padrão mais duro. Porém, na prática, o que faltava a essas mulheres não era rigidez, uma maior assertividade, uma clareza em relação ao modo de transmitir as mensagens. Essas habilidades as mulheres começaram a desenvolver à medida que passaram a externar características próprias, como empatia, o cuidado com o outro, a busca pela motivação, pela inspiração. O ambiente corporativo foi sendo recheado por modelos femininos que se tornaram referências.

A CEO do Facebook, Sheryl Sandberg, costuma dizer que nós, mulheres, devemos buscar a "assertividade generosa", que é algo que conjuga dois atributos importantes. Em seu livro *Faça acontecer: Mulheres, trabalho e a vontade de liderar*, a executiva americana argumenta que as mulheres levaram muito tempo para desenvolver um padrão mais objetivo na comunicação. Sobretudo aquelas que alcançavam cargos de liderança. Em muitos casos, se aproximavam do modelo de liderança masculino. Chegavam a ficar com ar de bravas, por vezes, até com uma imagem embrutecida.

Em parte dos casos, essa atitude mais contundente era reflexo de um mecanismo de defesa. Com o passar do tempo, foi ficando claro que não é esse o caminho para os resultados esperados.

Por isso, o mundo vem valorizando e reconhecendo a importância das características mais femininas nos processos de liderança. É claro que o modelo masculino tem os seus pontos positivos, porém, as mulheres carregam características que podem contribuir para o desempenho das empresas.

> "Ao longo do tempo, eu percebi que não era preciso gritar, não era preciso me masculinizar para participar de uma reunião de negócios ou representar uma organização. Hoje eu me sinto muito feliz com isso. Claro que existem problemas. O ponto é como encaramos esses problemas, o valor que damos a eles. E tem um aspecto decisivo: como trabalhamos a nossa autoestima. O mundo corporativo adora acabar com a autoestima das pessoas. É uma competição muito grande. Aprendi a importância de cuidar da autoestima e do conhecimento."
>
> **Glaucimar Peticov**, diretora-executiva do Bradesco

Há hoje uma busca por lideranças que unam essas duas condições: assertividade, necessária para deixar claros os propósitos e o que se espera do outro; empatia, que tem a ver com cuidado, com acolhimento. No final das contas, uma liderança mais humanizada.

CONSTRUÇÃO DA LIDERANÇA

Apesar dos avanços significativos na trajetória da mulher no mercado de trabalho, há muito chão a ser percorrido. Ainda lidamos com muitos estereótipos, reforçados por piadas, ditos populares, filmes, propagandas e até leis, que influenciam comportamentos, percepções e julgamentos.

A partir de conceitos da psicologia e da sociologia, entendemos que há forte correlação entre o que almejamos e o que consideramos possível atingir. E as esperanças subjetivas estão ligadas a oportunidades objetivas. No livro *A voz na sua cabeça*, publicado em 2021, o psicólogo e

neurocientista americano Ethan Kross afirma que estamos o tempo todo, consciente ou inconscientemente, fazendo previsões sobre o que esperamos que aconteça, e nosso cérebro se prepara para responder de acordo. Nossas convicções moldam as nossas expectativas e, consequentemente, as nossas realizações. Quando acreditamos em algo, nossa maquinaria neural gera frutos, aumentando ou reduzindo os níveis de ativação de outras partes do cérebro ou do corpo. Esse fato tem o poder de tornar realidade aquilo que pensamos, prevemos ou temos receio, o que traduz o conceito de crença autorrealizável, muito disseminado em estudos da neurociência.

A construção social do que é "adequado" para um homem e para uma mulher começa já na infância. Atributos ligados ao amor, por exemplo, são mais relacionados às mulheres; assim, os homens (e mesmo as próprias mulheres) acham "natural" que os cuidados com a casa e com os filhos, não remunerados e femininos, sejam menos valorizados.

Por seu lado, as mulheres desenvolvem algumas barreiras internas. Os estereótipos de gênero muitas vezes tornam-se profecias autorrealizáveis quando a mulher interioriza expectativas e limites impostos pela sociedade. E isso influencia as suas atitudes e os seus comportamentos.

Um exemplo está no modo como as mulheres se avaliam e se cobram. Pesquisas citadas pela professora Lucelena Ferreira no livro *Mulheres na liderança* apontam que homens tendem a se candidatar para uma vaga numa empresa quando acreditam que possuem cerca de 60% dos requisitos necessários, enquanto as mulheres só se candidatam quando consideram ter 100%.

"Nas entrevistas que eu faço para alguma posição estratégica, a grande maioria das mulheres se sente despreparada: 'Não é o momento', 'Eu preciso de mais um ano'. Os discursos, com variações, vão para esse lado. Eu converso com homens menos preparados e: 'Começo quando?', 'Onde vai ser?', 'Estou pronto', 'Eu quero'. E quando pergunto: 'Como está seu inglês?'. 'Não está bom, mas eu faço uma imersão, vou para Nova York...'. Quer dizer, a predisposição é outra. Nós temos de aprender com eles. Eu não sou uma pessoa indisciplinada, mas faço e depois vejo como foi. Se preciso for, eu peço desculpas, não faço mais. Às vezes, queremos muito endosso e as empresas querem solução, querem ação, querem uma atitude diferente."

Glaucimar Peticov

Esse rigor autoimposto contribui para que as mulheres aprimorem suas formações, mas também limita o acesso a cargos de liderança. Além disso, a autopromoção é vista como defeito pelas próprias mulheres. Esse viés, muitas vezes, impede que elas se mostrem ou afirmem a autoria de seus projetos. E isso precisa mudar: a ONU Mulheres (entidade das Nações Unidas para a Igualdade de Gênero e o Empoderamento de Mulheres) estima que, se continuarmos nesse ritmo, só teremos igualdade daqui a 100 anos.

Uma pesquisa realizada na Universidade de Yale submeteu a um grupo de recrutadores a análise de 127 currículos idênticos, com a descrição da formação e características de personalidade e comportamento. As características descritas eram as mesmas, mas ora apareciam com nome de homem, ora com nome de mulher. Ao fim do processo, houve maior "contratação" de homens. Ou seja, o 'diferencial' para os recrutadores era apenas o fato de serem 'homens'. Os dados mostram que seria importante a adoção de teste cego para contratação sem viés, já que há duplo padrão de julgamento.

Apesar dos desafios evidentes pelos quais as mulheres passam, os benefícios da presença delas nas empresas são muito relevantes. E se fazem notar em números. Um estudo de 2019 da consultoria McKinsey, com 700 empresas na América Latina, constatou que as organizações com pelo menos uma mulher em sua equipe executiva são mais lucrativas. Segundo a pesquisa, isso ocorre porque as empresas que se beneficiam da diversidade, contratando mulheres, têm 50% mais chances de aumentar a lucratividade e 22% mais chances de crescer a margem Ebitda média. Ebitda é o resultado gerado pela operação do negócio, também conhecida como Lajida, sigla que pode ser traduzida do inglês por lucros antes de juros, impostos, depreciação e amortização.

Os resultados financeiros são a forma mais tradicional de aferir sucesso. Mas há que se considerar que os aspectos comportamentais contribuem decisivamente para o desempenho, pois melhoram o clima organizacional e favorecem as relações. No final das contas, são as pessoas que geram os resultados.

ATRIBUTOS FEMININOS

Cada vez se torna mais desafiador falarmos de características típicas de um gênero ou de outro. O ser humano é diverso, cheio de particularidades, original. E a diversidade é justamente o que melhora as nossas experiências, nos torna criativos e amplia a nossa capacidade de reflexão e de aprendizagem.

Por outro lado, a literatura é rica em citações sobre características ditas femininas, masculinas, da geração X, Y ou Z... Apesar do risco das generalizações equivocadas, optamos por apresentar alguns atributos geralmente associados ao gênero feminino. Claro que há mulheres em que esses

atributos são robustos, em outras nem tanto... Assim como existem homens com alguns ou muitos deles. Ainda bem, pois somos seres únicos. Para efeito de uma observação ampla e reflexiva, vamos propor alguns consensos da literatura sobre liderança feminina.

Um artigo da professora Alcione Gonçalves, publicado no site da escola de negócios FIA, destaca algumas características que são muito associadas às mulheres: tendência à cooperação, maior flexibilização, empatia, maior desenvoltura no relacionamento interpessoal.

Talvez essas características sejam resultantes de séculos de uma cultura que educa, estimula e cobra a mulher para que ela seja "cuidadora" desde pequena.

Independentemente de nosso juízo de valor sobre isso, trata-se de um aspecto que influenciou e influencia a forma como somos e lidamos com situações na vida pessoal e profissional.

Vamos detalhar alguns desses atributos, também descritos por outros autores e estudos:

COOPERAÇÃO

As mulheres são acostumadas a lidar com várias demandas ao mesmo tempo: pessoais, familiares, domésticas e profissionais. Essa prática faz com que, em posição de liderança, elas tendam a pedir auxílio à equipe, promover cooperação, delegar funções. Dessa forma, os colaboradores ficam motivados e à vontade para compartilhar problemas, desafios, receios e soluções. Essa forma de liderar permite maior participação das pessoas, resultando em equipes criativas, dinâmicas e com maior alcance de metas.

FLEXIBILIZAÇÃO

Não há como equilibrar vida pessoal e profissional desde cedo sem desenvolver uma grande flexibilidade. Essa demanda molda as mulheres para enxergarem alternativas, modificar, contornar ou romper padrões e processos rígidos. No ambiente de trabalho, a flexibilidade ajuda a lidar com eventuais crises, desafios e imprevistos.

Quando diante de problemas, as mulheres têm mais facilidade para considerar possibilidades de atuação, seja abrindo espaço para os colaboradores ficarem mais à vontade para proporem soluções, seja para olhar a situação por diferentes ângulos. Esse tipo de situação, aliás, foi bastante citado por nossas entrevistadas, tanto na busca por aliados para defenderem suas ideias, como na procura por abordagens diferentes para lidar com eventuais desafios.

EMPATIA

De maneira geral, as mulheres costumam ter mais facilidade e sensibilidade para se colocar no lugar do outro e percebem as dores e as necessidades alheias, buscando sempre possibilidades e formas de ajudar.

É uma habilidade altamente desejada. O QI, medida comumente utilizada para avaliação da inteligência racional, impacta de 0% a 23% para o sucesso na carreira. Já o QE, coeficiente da inteligência emocional, é responsável por 27% a 46%, conforme descrição no livro *Manual de inteligência emocional*, dos psicólogos Reuven Bar-On e James D. A. Parker.

Segundo estudo da psicóloga Eliane Falcone, publicado na *Revista Brasileira de Terapia Comportamental e Cognitiva*, empatia é a capacidade de compreender, de forma acurada, bem como compartilhar ou considerar sentimentos, necessidades e perspectivas de alguém, expressando esse entendimento de tal maneira que a outra pessoa se sinta compreendida e validada.

A empatia traz vários benefícios: diminui problemas emocionais, reduz conflitos, permite relações mais estáveis e favorece a boa negociação. Essas condições melhoram muito o ambiente profissional, gerando mais engajamento e um clima mais amistoso.

O escritor americano Daniel Goleman, considerado o pai da inteligência emocional, descreveu três tipos de empatia:

1. Empatia emocional: é a habilidade de sentir o que o outro sente. Gera o contágio emocional, o que nos faz comungar do sentimento do outro.
2. Preocupação empática: é a capacidade de sentir a necessidade do outro. Tem a ver com solicitude, com compaixão.

3. Empatia cognitiva: é a habilidade de entender o ponto de vista da outra pessoa.

Quanto mais diverso o ambiente, mais a empatia pode contribuir para gerar um clima acolhedor.

BOM RELACIONAMENTO INTERPESSOAL

As mulheres em posição de liderança tendem a praticar conceitos para o estabelecimento de relações saudáveis, como a escuta ativa, a comunicação não violenta e a flexibilidade.

A qualidade dos relacionamentos é fundamental para a harmonia do ambiente e para o bem-estar das pessoas. Aliás, esse é o maior preditor de felicidade, comum a vários estudos sobre o tema, conforme análise do consultor Luiz Gaziri. E a boa comunicação tem papel decisivo para esse objetivo. Quem se comunica bem gera menos mal-entendidos, estabelece relacionamentos mais saudáveis e encurta distâncias entre as pessoas.

Dessa forma, as mulheres conquistam a confiança do time e constroem relacionamentos de qualidade, contribuindo para um ambiente harmônico na empresa e, consequentemente, geram aumento da produtividade.

CAPACIDADE DE TORNAR O CLIMA ORGANIZACIONAL MAIS LEVE

Mulheres costumam valorizar o feedback contínuo e a ajuda mútua entre os liderados. Esse comportamento proporciona ambientes mais acolhedores, em que as pessoas podem exercitar seus talentos e aptidões. Ambientes assim auxiliam na retenção de talentos e estimula o desenvolvimento. Mulheres costumam adotar comportamentos de liderança mais inclusivos, com respeito ao outro, priorizando a harmonia e a produtividade.

Em seu livro *Proprietárias*, consultora de negócios brasileira Elisa Tawil apresenta um mapa de polaridades de forças e sugere que busquemos o equilíbrio entre nossos polos masculinos e femininos. Ela chama a atenção para a importância de sabermos quais são os nossos dons, mais femininos ou mais masculinos, e como utilizá-los para equilibrar nossas lacunas. Vale ressaltar que os dons não se restringem ao gênero, mas ao tipo de manifestação; ou seja, há mulheres com dons masculinos, e vice-versa.

Nesse modelo, temos o cruzamento dos dois polos com a liderança consciente x inconsciente. Na liderança consciente, estamos em nosso estado de presença plena, atentas e vigilantes. O estado de liderança inconsciente ocorre quando estamos fora do nosso equilíbrio, com a mente dispersa. Nessa situação, um dom, por exemplo como a assertividade, pode parecer arrogância. Trata-se, enfim, do lado positivo do nosso dom, que se manifesta na presença plena, e do risco que corremos quando agimos de modo inconsciente, com a atenção dispersa. Veja a seguir:

- Polo feminino, liderança consciente: temos os dons, como empatia, gentileza, inclusão, nutrição, abertura, criatividade, variedade, sabor, confiança, vulnerabilidade, harmonia.
- Polo feminino, liderança inconsciente: temos os pontos cegos/excessos, como sufocante, sentimental, carente, dependente, explorada, sem foco, irracional, fraca, manipuladora.

Aqui, vemos claramente a importância de estarmos conscientes do nosso papel e da liderança que exercemos; consciência muda tudo.

Já quanto aos dons do polo masculino, temos:

- Polo masculino, liderança consciente: temos as lacunas/equilíbrio, como clareza, assertividade, foco, direção, ordem, disciplina, estrutura, discernimento, força, convergência.
- Polo masculino, liderança inconsciente: temos o julgar/temer/evitar, como agressivo, cruel, mecânico, arrogante, insensível, violento, com fome de poder, espiritualmente vazio.

Vale a pena buscarmos identificar as nossas características predominantes e atentarmos para a necessidade de estarmos presentes, no exercício da liderança. Segundo a psicóloga americana Amy Cuddy, em seu livro *O poder da presença*, estar presente é o estado de sintonia com nossos reais pensamentos, sentimentos, valores e potencial, e a capacidade de expressá-los confortavelmente. A busca pela presença faz toda a diferença sobre a forma como manifestamos os nossos dons.

Para conquistarmos esse estado, é essencial praticarmos o autoconhecimento, a autoconsciência e a proatividade.

Autoconhecimento é uma busca essencial para a nossa vida e necessária em todas as nossas situações de atuação. Em seu livro *Você e seu barco*, Betania Tanure e Roberto Patrus afirmam que o autoconhecimento é a bússola que nos permite conhecer as nossas emoções, e consequentemente sabermos controlá-las. Tem a ver com termos a capacidade de nos separarmos emocionalmente do outro, para, nesse estado de clareza, analisarmos as situações e fazermos as melhores escolhas.

Para Travis Bradberry e Jean Greaves, autoconsciência é a nossa capacidade de reconhecer as nossas próprias emoções no momento em que elas surgem e identificar as nossas tendências em diferentes situações. No livro *Inteligência Emocional 2.0*, eles afirmam que, para isso, precisamos estar dispostos a tolerar o desconforto de nos concentrar em sentimentos que podem ser negativos. Nossas emoções sempre têm um propósito. A alegria nos leva a buscarmos a interação com os outros; a tristeza nos leva à reflexão; a raiva conduz à ação; o medo nos faz ser cautelosos. Por isso, é muito importante estarmos atentos e voltados para a percepção do que sentimos, e atuarmos de acordo com o que a emoção nos motiva.

O entendimento direto e honesto das nossas motivações deve estar no nosso foco: o que fazemos bem, o que nos motiva e satisfaz e quais pessoas e situações nos provocam reações intensas. O simples fato de pensarmos a respeito já nos ajuda a melhorar essa habilidade! Eles mostram ainda um dado bastante representativo do tanto que a busca pela autoconsciência impacta nos resultados de trabalho: 83% das pessoas com alto nível de autoconsciência apresentam um desempenho superior e apenas 2% das pessoas com um desempenho insatisfatório no trabalho apresentam altos níveis de autoconsciência.

Uma questão recorrente em estudos e debates é se a liderança é um dom ou uma competência que pode ser desenvolvida.

Liderança pode ser considerada uma capacidade de influenciar o comportamento de outras pessoas para alcançar objetivos em uma determinada situação. Trata-se, portanto, de uma competência e, como tal, pode ser desenvolvida. Ela é construída a partir de três pilares: conhecimento, habilidade e atitude.

O conhecimento deve ser alvo de aprendizado contínuo. Somos seres com capacidade infinita de aprender, e essa motivação deve permear a nossa existência, até para nos mantermos saudáveis.

O empreendedor brasileiro Conrado Schlochauer, em seu livro *Lifelong learners: o poder do aprendizado contínuo*, explica que a aprendizagem deve ser um processo que dure a vida toda, além dos períodos formais de escolarização, por exemplo. Devemos ser os agentes desse processo, como aprendizes proativos, identificando os nossos pontos de melhoria e buscando ativamente oportunidades de aprendizagem.

O segundo pilar, habilidade, tem a ver com nossa maior ou menor facilidade em liderarmos. Há pessoas que ocupam o papel de líderes, até mesmo quando não exercem esse papel formalmente. Outras detêm o crachá que lhes dá esse "poder", mas não conquistam a autoridade necessária para influenciarem e motivarem os outros. A boa notícia é que, independentemente da habilidade, se nos dispusermos a treinar, podemos melhorar.

O treino se dirige ao terceiro pilar, a atitude. Na prática, é a atitude, o nosso comportamento, que constrói percepção. E, nesse quesito, o autoconhecimento (para identificar pontos fortes e pontos de cuidado) é a principal base. Em seguida, vem a escuta ativa e empática, que permite conhecer o grupo de liderados, seus anseios, desafios e as intenções que mobilizam cada um, para a escolha da melhor forma de abordagem.

A liderança, portanto, pode e deve ser desenvolvida. Para isso precisamos de duas condições: motivação para nos dedicarmos ao aprendizado e treino para desenvolvermos a nossa prática.

ESTILOS DE LIDERANÇA

Existem várias classificações de estilos de liderança, de diversos autores e a partir de vários critérios. Optamos aqui por abordar aquelas que nos parecem mais interessantes para entendermos o mundo que nos cerca e as necessidades de evolução constante.

Há estilos de liderança focados em tarefas, enquanto outros são focados em pessoas.

- **Foco nas tarefas** – A forma de lidar com os colaboradores é superficial e distante, já que a atenção do líder está voltada para a simples execução das tarefas e dos

processos. Nesse ambiente, os resultados costumam se restringir a entregas pequenas, muito aquém da possibilidade dos colaboradores. A mobilização é apenas a suficiente para entregar o mínimo necessário, sem o engajamento pleno, sem a dedicação.

- **Foco nas pessoas** – Em um ambiente saudável, com respeito e atenção a cada participante, com estímulo ao trabalho em equipe, os liderados se sentem motivados e inspirados a entregarem cada vez mais. E os resultados são mais robustos, criativos e eficientes. Trata-se aqui da aplicação do conceito de Círculo de Segurança, apresentado pelo palestrante britânico-americano Simon Sinek em seu livro *Líderes se servem por último*. Segundo ele, os líderes que conseguem criar um clima de segurança na empresa fazem com que os liderados secretem os "hormônios do bem", a ocitocina, a endorfina, a serotonina e a dopamina. Com isso, trabalham bem em equipe, se sentem motivados a entregarem resultados e inspirados a produzirem mais e melhor. Já quando o líder é incapaz de criar esse ambiente de segurança, os liderados vão dirigir os seus esforços à própria defesa, secretando adrenalina e cortisol, hormônios do estresse. Assim mobilizados, tenderão a tomar decisões precipitadas ou tardias, terão maior dificuldade de julgamento, reações desproporcionais e pouca clareza de raciocínio. Nesse estado, as ações e as escolhas tendem a ser desastrosas.

De forma geral, por questões culturais e de desenvolvimento, as mulheres tendem a liderar mais frequentemente com foco nas pessoas, o que melhora o ambiente de trabalho, as entregas e os resultados.

> "Eu costumo dizer para as minhas equipes que um líder não sabe mais do que as outras pessoas. Muitas vezes existe uma maturidade, desenvolvida ao longo do tempo, mas o líder conquista, influencia, inspira. Se você realmente acredita em alguma coisa e consegue mostrar para as outras pessoas, elas se inspiram para te seguirem. O líder consegue acender uma lanterna e as pessoas têm de confiar que aquela luz é a que deve ser seguida. Obviamente, pode-se chegar ao final e 'vamos ter de voltar', mas há a confiança das pessoas de seguir um líder."
>
> **Patrícia Freitas**, vice-presidente de parcerias comerciais da Prudential do Brasil

Outra classificação, proposta inicialmente pelo americano James McGregor, especialista em liderança, e depois expandida por seu compatriota, o psicólogo especialista em comportamento organizacional e liderança Bernard Bass, considera três variáveis: as características do líder, dos liderados e o contexto situacional.

Assim, ficam estabelecidas:

- **Liderança transacional** – O foco é no papel da supervisão, da organização e do desempenho do grupo. O líder transacional promove o cumprimento das funções de seus liderados por meio de recompensas e punições, geralmente materiais, como prêmios em dinheiro, incentivo à competição. Nesse caso, é necessário comunicar aos liderados as expectativas de desempenho, deixando claro o vínculo entre níveis de atuação e recompensa/punição. Trata-se de algo que a ciência em geral mostra como ineficiente. O professor Luiz Gaziri, em seu livro *A ciência da felicidade*, aponta que as recompensas materiais são insuficientes para estimular o engajamento das pessoas. O que realmente motiva é o reconhecimento, a valorização do profissional, principalmente diante do grupo. Essa forma de liderança, porém, pode ser útil em situações de crise ou de emergência. Por exemplo, se a empresa estiver diante de algo que afete a sua reputação, como alguma falha na entrega de um produto ou serviço, é desejável que o líder supervisione e cobre objetivamente o desempenho do grupo.

- **Liderança transformacional** – Neste estilo, o líder colabora com os liderados, usando sua visão para orientar as ações para o bem da organização. Ele enfatiza um senso de missão em busca dos ideais, influenciando com ética e moral, estimulando os liderados a buscarem um desempenho além das expectativas. O foco aqui são os propósitos da equipe e da organização, além dos pessoais. Os líderes são modelos, e comunicam por meio de seu comportamento, de suas atitudes, demonstrando carisma. Já temos aqui uma forma mais eficiente de motivar e inspirar as pessoas.
- **Liderança servidora** – Assim como a transformacional, seu foco é na valorização dos indivíduos e em seu desenvolvimento; estimula a cooperação e o trabalho em equipe. A diferença está na ênfase em servir aqueles que o seguem.

A liderança servidora foi inicialmente proposta pelo escritor americano James C. Hunter, no livro *O monge e o executivo*, de 1998. Na época, suas ideias disruptivas fizeram sucesso no Brasil, mas nos Estados Unidos demoraram a dar valor e importância para elas. Eu, Leny, tive a oportunidade de estar com ele num workshop em São Paulo. Na ocasião, ele disse que, ao chegar aqui, percebeu porque seu livro teve tanta aceitação entre nós: ele viu um povo extremamente acolhedor e aberto, e passou a entender que, para fazer sucesso lá nos Estados Unidos, deveria traduzir os seus conceitos de modo pragmático, mostrando os resultados financeiros da mudança na forma de o líder atuar. Quando estudos foram realizados evidenciando o grande impacto positivo nos resultados obtidos a partir da aplicação desse conceito, houve maior aceitação e a busca por essa abordagem de maneira mais ampla. Várias publicações subsequentes reforçaram o tema: *Liderança tranquila*, de David Rock;

Encantamento, de Guy Kawasaki; *Liderança e espiritualidade*, de Adilson Souza; *Líder por amor*, de Angelo Otavio; *Assim nasce um líder*, de Jo Owen; *Liderança diferenciada*, de Celso de Souza.

Dentro dessa perspectiva de liderança servidora, o líder entende que seu principal papel é criar as melhores condições de trabalho, promover integração de ideias, cooperação, interdependência, responsabilidade mútua para o sucesso e comunicação aberta entre todos da organização.

O desenvolvimento do perfil do líder servidor requer a integração da verdade interior do indivíduo com o seu comportamento externo. Tem a ver com a coerência plena entre o que ele diz e o que ele faz. À medida que o líder expressa essa integridade na forma como vive e trabalha, ele fortalece sua totalidade individual e unidade com os outros, além de se tornar capaz de compartilhar sua sabedoria de forma eficaz para o benefício de todos.

O autoconhecimento e a atenção aos outros por meio da escuta ativa e interessada permitirão criar atitudes de liderança capazes de conduzir os liderados a serem melhores a cada dia. Aqui, liderar é pensar coletivamente, é considerar o todo, com serviço e doação. O site da Pulse RH elenca as principais qualidades de um líder servidor:

- Ouve e valoriza diferentes opiniões.
- Cultiva uma cultura de confiança, por meio de uma comunicação aberta e transparente.
- Desenvolve outros líderes, promovendo oportunidades de crescimento para todos.
- Compartilha o poder, nunca centraliza.
- Encoraja os outros em suas ideias e ações.

Grande parte das características necessárias para a prática da liderança servidora são comumente encontradas em mulheres. No livro *Mulheres na liderança*, a educadora organizacional Lucelena Ferreira descreve as principais:

- Ambição: a liderança tem como propósito beneficiar o coletivo, não o indivíduo, não apenas o líder.
- Coragem: o que limita são o medo de errar e o medo do julgamento dos outros; mulheres lidam melhor com isso, expõem suas vulnerabilidades e criam um ambiente onde os liderados se sentem mais à vontade para fazerem o mesmo.
- Persistência: o sucesso é uma sucessão de reveses superados; mulheres raramente desistem!
- Comunicação e empatia: saber falar e saber ouvir; escuta empática; a empatia é mais associada às mulheres. Influenciamos mais quanto mais conhecemos o outro.
- Comunicação e humildade: o líder tem que ter a consciência de que não tem todas as respostas.
- Aprendizado constante.
- Capacidade de liderar pelo exemplo: coerência entre discurso e ação.
- Integridade: ética empresarial, transparência, desenvolvimento sustentável e filantropia; valores sólidos, definidos e sintetizados claramente hoje no conceito ESG (Environment, Social and Governance).
- Flexibilidade: estar atenta a mudanças, antever possibilidades, buscar aperfeiçoamento.

A tomada desse modelo de liderança já parecia se tratar de um "caminho sem volta". A pandemia do coronavírus escalonou esse processo de modo rápido e generalizado, na busca por uma liderança mais humanizada.

Tanto que líderes políticas mulheres obtiveram destaque e reconhecimento em momentos críticos da pandemia. Dois exemplos emblemáticos foram Angela Merkel, então chanceler alemã, e Jacinda Ardern, primeira-ministra da Nova Zelândia. A comunicação foi um fator decisivo para que ambas fossem bem-sucedidas durante a crise. Cabe analisar alguns aspectos das duas líderes.

A ex-chanceler da Alemanha se notabilizou com o discurso de 18 de março de 2020, reproduzido parcialmente a seguir:

> "A nossa noção de normalidade, de vida pública e de interação social, tudo isso está sendo posto à prova como nunca antes. Milhões de vocês não podem ir ao trabalho, seus filhos não podem ir à escola ou à creche. Teatros, cinema, lojas estão fechados, e talvez o mais difícil: todos sentimos falta do contato pessoal. É natural que cada um de nós, numa situação como esta, esteja cheio de dúvidas e preocupações sobre como será daqui para a frente. Eu me dirijo a você hoje, dessa maneira incomum, porque quero lhe dizer o que me guia como chanceler e a todos os meus colegas no governo federal nesta situação. É parte integrante de uma democracia aberta que tomemos decisões políticas transparentes e as expliquemos. Que justifiquemos e comuniquemos nossas ações da melhor forma possível, para que elas sejam compreensíveis. Eu acredito firmemente que podemos ser bem-sucedidos nessa tarefa [de lidar com a pandemia] se todos os cidadãos entenderem como sua própria tarefa. Então, deixe-me dizer: é sério. Leve a sério você também."

Carisma não é o ponto forte de Angela Merkel. Ela se coloca de uma maneira rígida, às vezes até um pouco dura para os nossos padrões. Nesse discurso, porém, ela conseguiu passar para as pessoas uma ideia de firmeza, de solidez, de credibilidade, associada à proximidade e à conexão com as pessoas.

A estadista alemã fez um discurso absolutamente organizado e, ao mesmo tempo, empático. Apresentou argumentos, dados, mas não deixou de lado a emoção. Ao fazer essa junção, Merkel conseguiu gerar conexão. Em termos de postura, manteve o olhar firme, bem direcionado. Fez uso econômico dos gestos, mas em sincronia com o que dizia e enfatizando os pontos que queria ressaltar. A voz grave de Merkel constrói a percepção de seriedade, de firmeza. Vale observar que ela tem ajustes articulatórios muito precisos e enfatiza determinados trechos do discurso, por meio de aumento do volume, menor velocidade de fala, articulação mais caprichada, o que sugere ser resultado de aprendizagem, de técnica e de disciplina.

Jacinda Ardern, a jovem primeira-ministra da Nova Zelândia, teve um desempenho reconhecido mundialmente na condução da crise gerada pela covid-19. Deu explicações precisas e sua forma acolhedora de se comunicar mobilizou as pessoas a adotarem uma postura colaborativa.

Jacinda falou da necessidade de as pessoas usarem máscaras, higienizarem as mãos, deu orientações muito práticas. Falou com transparência sobre o funcionamento dos estabelecimentos e dos serviços. No início da pandemia, fez pronunciamentos diários, em que orientava a população de forma clara sobre o que fazer e não fazer. Além disso, o conteúdo dos discursos da primeira-ministra e dos governantes distritais era sempre unificado e coerente.

Tal desempenho fez com que a revista americana *The Atlantic* a considerasse "a líder mais eficaz do planeta", enquanto o jornal *Financial Times* se referiu a ela como "Santa Jacinda".

Numa reportagem no *Jornal Nacional*, da TV Globo, um brasileiro que vivia havia oito anos na Nova Zelândia declarou que faria qualquer coisa que ela pedisse. Esse é um sinal de boa comunicação, pois leva o outro à ação colaborativa. A fala desse brasileiro sintetiza o impacto que ela consegue produzir, que se reflete nesse resultado.

Outro aspecto interessante é o fato de que sua comunicação consegue atingir todos os públicos. Na Páscoa, por exemplo, ela fez um comunicado especial para as crianças, em que explicou que talvez fosse mais difícil o coelhinho da Páscoa chegar a determinadas regiões, mas que o cuidado tinha que ser mantido em relação à prevenção do coronavírus.

Em termos de comunicação, Jacinda consegue unir objetividade, clareza dos argumentos, com empatia. Ela se dirige diretamente às crianças, aparece em público com a filha, com o marido. E fala sobre seus sentimentos, o que gera conexão e identificação.

Muitas pessoas consideram que demonstrar emoção pode passar a sensação de fragilidade. Que colocar-se emocionalmente demais pode parecer um líder fraco. É justamente o contrário, a coragem de se mostrar vulnerável, de aceitar as próprias imperfeições, faz com que as pessoas se sintam conectadas. Essa exposição de humanidade gera uma aproximação muito grande com o outro. Com isso, o objetivo maior da comunicação de conseguir adesão e levar à ação colaborativa se cumpre.

O que diferencia a gestão e a liderança dessas duas mulheres é o uso equilibrado de uma parte mais racional, por meio de informações e argumentos, com um padrão de empatia, marcado por uma maior proximidade. É o que a executiva Sheryl Sandberg, em seu livro *Faça acontecer*, chama de "assertividade generosa". Essa combinação gera uma comunicação que nós preferimos chamar de efetiva e afetiva, como veremos no próximo capítulo.

COMUNICAÇÃO EFETIVA E AFETIVA

O grande propósito da comunicação é encurtar distâncias. Quando conseguimos aproximação com outras pessoas, geramos conexão e melhoramos a qualidade das nossas relações.

Para chegarmos a essa condição, precisamos estabelecer uma comunicação que seja efetiva e afetiva. O que significa isso? Efetiva é a comunicação que preza pela assertividade. A pessoa assertiva se caracteriza pela clareza das mensagens transmitidas e consegue fazê-lo a partir do uso harmônico e coerente dos três grupos de recursos: os verbais, os não verbais e os vocais.

1. **Verbais** – Dizem respeito à escolha das palavras, à forma de organização das frases, ao uso de determinadas expressões.
2. **Não verbais** – São os que se relacionam à imagem. Postura corporal, gestos, direcionamento do olhar, expressão facial, vestuário, uso ou não de maquiagem.
3. **Vocais** – Referem-se à maneira como falamos. Incluem tom de voz, velocidade de fala, articulação das palavras, ênfases e pausas.

A assertividade exige conhecimento em diferentes situações de comunicação. Todos nós precisamos ser relevantes nas nossas situações de comunicação. Isso demanda preparo, pesquisa, aprofundamento no tema que vamos abordar. Quando falamos com propriedade, com conhecimento, nos colocamos de uma maneira mais efetiva.

Já a comunicação afetiva é carregada de empatia. Não se trata de sentir o que o outro sente, mas de olhar para o sentimento do outro e buscar acolher, mesmo que haja divergências. Precisamos nos exercitar nesse sentido.

A empatia é essencialmente um movimento na direção do outro. É um esvaziar-se de si para olhar o outro e procurar identificar suas necessidades, valores e motivações. Isso exige uma escuta ativa, caracterizada pelo desejo genuíno de ouvir o que o outro tem a dizer. Tal postura gera aproximação entre as partes.

Essa condição é alcançada quando há um equilíbrio entre o lado racional e o emocional, quando a assertividade se junta à empatia. Ao agregarmos o melhor dos dois mundos, geramos uma percepção positiva, o que favorece um retorno mais colaborativo das pessoas.

Na prática, precisamos nos entender e usamos a nossa comunicação para isso. As diferenças não ocorrem apenas entre os gêneros, mas entre as pessoas, de uma forma geral, por causa de opiniões, conceitos e valores de cada um. É preciso respeitar as diferenças, considerando de modo empático o que o outro diz, e desenvolver a escuta ativa, com interesse naquilo que o outro tem a nos dizer.

A comunicação é uma das principais ferramentas da liderança, pois possibilita organizar e exercer influência sobre pessoas e equipes.

Toda vez que nos comunicamos, nós construímos percepção. Isso envolve três fenômenos. Primeiro, acontece de modo muito rápido. Em questão de segundos, o nosso interlocutor gosta ou desgosta de nós, confia ou desconfia do que ouve. Segundo, ocorre de forma absolutamente inconsciente; o outro não sabe muito bem o motivo, mas registra uma impressão. E, mais importante ainda, assim que impactamos o outro, ele reage a nós, de alguma forma.

No âmbito do trabalho, quanto mais retornos colaborativos obtivermos, mais eficientes seremos. Essa é uma medida de eficiência que vale para qualquer atividade. Em todos os ramos profissionais precisamos de retornos colaborativos, e isso inclui, por exemplo, profissionais liberais. Pouco adianta o médico ser o mais competente em sua especialidade, se o paciente não tomar o remédio receitado. Não haverá resultado. Ele só será considerado um bom profissional se houver adesão às suas ideias, colaboração com o tratamento proposto.

Nessa perspectiva, há um desafio ainda maior para as mulheres em posições de liderança. Existe um viés que faz com que homens e mesmo outras mulheres se neguem a colaborar, às vezes por birra, por inconformismo, por despeito. Isso pode ocorrer de vários modos. Desde uma entrega mínima, apenas o necessário, até pessoas que vão "puxar o tapete", sabotar a ordem que vem da mulher. Infelizmente, isso é frequente.

Por isso, as mulheres devem se esmerar ainda mais em estabelecer uma comunicação eficaz. Quando pensamos numa divisão mais esquemática, há sempre um risco de generalização. Ainda assim, numa abstração para efeito didático, quando separamos por gêneros, são comuns considerações do tipo "os homens são objetivos, vão direto ao ponto, enquanto as mulheres enrolam mais, dão mais voltas, são mais subjetivas".

O que essa percepção traz? Quando as mulheres começaram a ocupar mais espaço no mercado de trabalho, tinham como modelo a liderança masculina. Na tentativa de replicar esse modelo, se colocavam de uma maneira muito rígida. E, muito por conta da cultura, as pessoas dão pesos diferentes quando um homem e uma mulher se expõem. O homem é assertivo. A mulher é vista como "mandona". Esses comentários preconceituosos ocorrem repetidamente.

Por isso a busca pela assertividade é tão necessária para entregarmos bem a nossa mensagem e alcançarmos nossos objetivos. A assertividade é alcançada quando encontramos o equilíbrio entre os dois extremos do padrão de comunicação: o da passividade e o da agressividade.

A pessoa com estilo passivo de comunicação se caracteriza pela dificuldade de expor o que pensa, aquilo em que acredita, os objetivos e o que espera do outro. Tende a ficar retraída, esperando que as pessoas ajam conforme a sua expectativa. A pessoa com esse padrão de comunicação sofre com conflitos internos, porque não se sente atendida nas suas necessidades, que, por sua vez, não são expressas devidamente.

Na outra ponta está o estilo agressivo. A pessoa consegue expor o que pensa, o que espera do outro, porém, o faz de maneira impositiva, autoritária, sem o devido cuidado com o outro. Essa atitude, muitas vezes, causa incômodos ao interlocutor, que fica menos propenso a aderir ao que está sendo proposto.

O ideal de qualquer relação de comunicação é produzir respostas colaborativas, resultantes do engajamento das pessoas.

Nenhum desses extremos, portanto, consegue essas respostas. No extremo passivo, pela falta de clareza; no extremo agressivo, por "birra", por incômodo. Há ainda um estilo híbrido, ainda mais desafiador, que é o passivo-agressivo. Por reunir características às vezes passivas e às vezes agressivas, confunde o interlocutor e dificulta a relação. Há o predomínio do sarcasmo, da ironia e uma grande discrepância entre a fala e o comportamento não verbal. Precisamos identificar qual estilo nos representa e tentar equalizar um padrão que seja de fato assertivo.

Rose Del Col, Non-Executive Director na Unlimint, relembra uma experiência no começo de carreira:

"O ramo de seguros era tremendamente masculino e na minha área não havia outras mulheres. Eu tinha duas colegas mulheres, mas de outras áreas: recursos humanos e administrativa, menos ligadas a negócios. Posteriormente, me lembro de uma gerente em uma posição semelhante à minha naquele começo de carreira, que achava que tinha que se comportar como homem para ser aceita no grupo. Eu pensava o contrário: 'Tenho de valorizar o que eu sou, a minha forma de ser. Eu não vou chegar batendo na mesa, gritar, falar de maneira não polida porque no ambiente masculino pode ser assim'. Olhando para trás, as empresas tinham esse conceito de respeito entre as pessoas bem menos estruturado. Era uma coisa mais agressiva mesmo. Eu sempre procurei conseguir as coisas mais com jeitinho, conversando, explicando o que precisa ser feito."

Que medidas as mulheres podem tomar para serem mais efetivas em situações de comunicação?

Primeiro, do ponto de vista verbal, é fundamental traduzir as mensagens de uma maneira mais assertiva. Diante de qualquer situação de exposição, cabe identificar as principais informações que precisam ser passadas. É importante definir duas, três, até quatro mensagens, relevantes para captar a atenção das pessoas. Às vezes, é difícil selecionar poucas mensagens, pois tudo nos parece importante.

O administrador brasileiro Normann Kestenbaum, em seu livro *Obrigado pela informação que você não me deu*, chama a atenção para o fato de vivermos num mundo repleto de estímulos, em que a atenção é um ativo cada vez mais raro e disputado. Nesse ambiente, a forma de nos fazermos ouvir é entregar a mensagem de forma simples, direta e objetiva, que ele denomina de “o poder do suficiente”.

A seguir, organizar essas mensagens numa sequência que faça sentido, que construa uma linha coerente de raciocínio. O próximo passo é o que eu, Leny, chamo de “recheio das prateleiras”: cada mensagem deve ser embasada por dados, números, exemplos, analogias e histórias.

Numa apresentação, e isso vale para qualquer pessoa, comece pela transmissão clara das mensagens principais. Em seguida, faça o recheio das prateleiras. No final, retome as mensagens principais para garantir que foram compreendidas. Esses cuidados e essa dinâmica aumentam a probabilidade de sermos assertivas e de gerarmos compreensão.

A percepção também é gerada por aspectos como a escolha das palavras e das expressões e o modo de organização das frases. Por isso, devemos evitar expressões que minimizam a importância do que será falado. A expressão que mais exemplifica isso é “eu acho que”, pois retira qualquer carga de assertividade e de valor.

Por exemplo, alguém me pede a opinião profissional sobre o desempenho em uma apresentação. Se eu falar “eu acho que você foi bem” soa muito menor do que se eu falar “você foi bem!”. Ora, se estou dando um parecer profissional, não tenho de “achar” nada, preciso ter convicção do que vou dizer. Se for sobre algo numa esfera particular, é mais interessante usar “eu considero”, “na minha opinião”, “no meu modo de ver”. São expressões com peso maior do que “eu acho” e deixam claro que se trata de uma opinião pessoal.

Outra palavra que, nós, mulheres usamos com frequência é “pouco”, com a variante “pouquinho”, que infantiliza a fala. Quando uma mulher abre uma apresentação com “eu vou mostrar um pouquinho”, “eu vou explicar um pouquinho”, “eu quero falar um pouco”, o cérebro do interlocutor avalia como algo de menor importância e a tendência é se distrair. O sentido deve ser o contrário, reforçar aquilo que será dito com expressões como “eu quero destacar que”, “é importante chamar a atenção para”, “ressalto que”... isso deixa o outro mais alerta e interessado. São também expressões fracas: “vou tentar”, “parece que”, “talvez”, “pode ser”, “se eu puder”, “quem sabe”, ou aquelas que ficam no terreno da intenção, “eu queria”, “eu gostaria”. Precisamos ter mais atenção com as palavras e expressões, pois elas têm poder.

Do ponto de vista não verbal, é fundamental que o corpo demonstre claramente a nossa vontade de interagir. A postura deve ser de abertura. Falar encolhida denota uma postura de fragilidade, de insegurança, o que gera desconfiança no interlocutor.

Ao falarmos, a base corporal deve estar firmemente apoiada e imóvel, sem "pulinhos" quando estamos de pé e sem balançar a cadeira quando sentadas. A coluna deve estar ereta, com os ombros relaxados e o tronco inclinado na direção do nosso interlocutor. Os gestos devem ser naturais, acompanhar a fala e mantidos na linha da cintura, no máximo do peito. Gestos altos demonstram descontrole da situação e competem com o rosto. A expressão facial deve estar exposta, demonstrando veracidade e transparência.

É importante sinalizar por meio do nosso corpo aquilo que queremos reforçar. Olhar no olho do outro e manter a postura que demonstre segurança é fundamental. A pessoa que entra numa reunião encolhida, olhando para baixo, passa a ideia de menor valia, de que está ali por favor ou por obra do acaso. E não é só homem que considera isso em relação às mulheres, mulheres com outras mulheres também.

Finalmente, do ponto de vista vocal, falar com clareza, caprichar na articulação, evitar a monotonia, enfatizando e destacando aquilo que é mais relevante. Temos que bancar a informação que estamos passando, emitir opinião quando a situação demandar ou tivermos vontade. Assim, demonstramos vitalidade e envolvimento.

O respeito que nós exigimos do outro começa pelo respeito que nós precisamos ter por nós mesmas. Aqui, vale o cuidado também com a nossa comunicação interna, aquilo que dizemos para nós mesmas. Em qualquer situação profissional, e até pessoal, devemos adotar uma postura proativa na comunicação, de protagonismo.

A comunicação afetiva, por sua vez, tem a ver com a demonstração da nossa vontade de gerarmos entendimento, com o desejo genuíno de nos aproximarmos do outro. As mulheres, de modo geral, vão bem nesse quesito. Escolher palavras cordiais, manter olho no olho e tom amistoso. Ao associar efetividade e afetividade, trazemos o melhor da nossa essência e atingimos os nossos objetivos.

A comunicação efetiva e afetiva resulta de um processo de desenvolvimento. Se estivermos preparadas, nos sentiremos mais seguras e essa sensação nos empodera.

DESAFIOS DA COMUNICAÇÃO

Comunicar-se com eficiência é sempre algo desafiador. Na prática, toda ação de comunicação envolve risco. Entre a emissão da mensagem e a recepção do interlocutor, há todo um caminho permeado pelas histórias de cada um, pelas ideias e valores cultivados durante a vida, pelas experiências, pelas expectativas, por toda uma gama de referenciais que cada pessoa traz consigo.

Além disso, existem várias situações que tornam o ato de comunicar ainda mais difícil e que são mais frequentes com as mulheres.

INTERRUPÇÕES EXCESSIVAS (*MANTERRUPTING*)

É um problema recorrente e tem a ver com a dificuldade de escuta. A ansiedade em falar é tão grande que, muitas vezes, não somos ouvidas com a devida atenção ou somos sequencialmente interrompidas. Isso é tão evidente que nos últimos anos surgiu a expressão *manterrupting*, presente nas questões de gênero, para designar as interrupções provocadas pelo homem quando uma mulher está falando (*man* + *interrupting*). Esse é um comportamento histórico, de uma sociedade com tradição patriarcal.

Numa sessão em 2019 do Supremo Tribunal Federal, a ministra Carmem Lúcia foi 18 vezes mais interrompida que os colegas. Num debate de candidatos à vice-presidência dos Estados Unidos, Kamala Harris foi interrompida tantas vezes pelo outro candidato que fez uma queixa objetiva para conseguir finalizar as suas falas.

No que se refere à interrupção, o franco-brasileiro Thomas Brieu, estudioso da comunicação verbal, ensina que em situações que podem gerar hostilidade deve-se cumprir a seguinte sequência:

1. **Deixar claro o incômodo** – "Fulano, quando você me interrompe dessa maneira, eu me sinto...". Isso é muito diferente de acusar o outro.
2. **Reproduzir a fala do interlocutor** – Quanto mais reproduzimos as palavras do outro, mais clara fica a prova da nossa escuta. Consequentemente, o outro sente que é ouvido e fica mais propenso a ouvir também. Damos a esse recurso o nome de "espelhamento verbal". A sugestão do Thomas é estabelecer o seguinte modelo: "quando você diz que... eu me sinto... porque...". Essa "roda" da comunicação favorece a sensação de acolhimento e de abertura para o diálogo, além de permitir a obtenção de dados estratégicos para atingir melhor o outro no nosso momento de falar.
3. **Anunciar a ação pretendida** – Ao trazermos para nós a ação que pretendemos desenvolver, desarmamos o interlocutor, que fica mais aberto ao diálogo. Por exemplo, vale a pena dizermos claramente se vamos informar algo, promover a discussão de um tema, pedir determinado favor. Dessa forma, a clareza na comunicação tranquiliza nosso interlocutor e o predispõe a colaborar conosco.

É importante que, ao sermos interrompidas, tenhamos ações claras de comunicação para manifestarmos o nosso incômodo e a nossa vontade de darmos continuidade ao raciocínio. Vale olhar fixamente para a pessoa que nos interrompeu e verbalizar algo como: "Desculpe, eu ainda não terminei e quero concluir o meu raciocínio".

Nessas situações, é interessante ter o apoio de outras mulheres, que podem e devem reforçar a importância de nossa continuidade para a conclusão da nossa fala.

No que se refere à comunicação, por exemplo, quando percebermos que alguém corta uma colega que está falando, é importante abordarmos o homem interruptor, com delicadeza, mas em tom firme, e falar: "Eu gostaria de terminar de ouvir a fala dela" ou "Fulana, por favor, complete o seu raciocínio". É uma interrupção do bem, pois permite à colega pegar de volta a palavra. Essa rede de apoio ajuda e fortalece!

ATENÇÃO DESVIADA

Imagine que você esteja falando com alguém que não para de olhar o celular. Essa "atenção alternada" incomoda quem fala e dificulta a compreensão de quem ouve. É legítimo nos posicionarmos nesse momento, mas vale tomar alguns cuidados com a forma como vamos proceder. Dizer, por exemplo, "Para de olhar esse celular, você não está prestando atenção no que estou falando", traz um julgamento implícito. Afirmar que o outro está desinteressado tende a gerar reação negativa e pode ser que ele esteja mesmo com algum tipo de emergência.

A abordagem recomendável é trazer o foco para si, como: "Desculpe, eu tenho dificuldade de falar com coerência quando não recebo a sua atenção".

A mesma conduta pode ser aplicada numa reunião na empresa. É uma forma de evocar o comportamento de colaboração sem expor o outro, sem julgar, sem criticar. A intenção, cabe reforçar, é estabelecer boas conexões a fim de gerar colaboração.

Captar a atenção do outro também é possível com um discurso simples, direto e objetivo. A clareza nos faz mais relevantes. Falar com entusiasmo e envolvimento também contagia o outro e aumenta o interesse na escuta.

Um cuidado simples em uma situação relevante de comunicação é a prática da permissão e do posicionamento.

Permissão é um diálogo prévio, que situa o outro em relação ao tema que queremos discutir, a previsão do tempo que vamos utilizar, o local e o momento mais adequados para a conversa. A permissão é essencial para podermos conduzir o processo da melhor forma para os dois lados. Por exemplo: "Preciso falar com você sobre a proposta de algumas mudanças no nosso setor. Acredito que vamos ocupar cerca de 40 minutos. Quando fica mais conveniente pra você?". A partir da resposta, combinamos.

No decorrer da situação, se, por exemplo, a pessoa desviar o assunto, é possível a qualquer momento utilizar o posicionamento: "Fulano, combinamos de falar sobre as mudanças no nosso setor. Vamos retomar?". Ou, se o outro começar a olhar para o relógio, demonstrando pressa, depois de 20 minutos, podemos relembrar o acordo: "Combinamos de conversar por cerca de 40 minutos. Tudo bem pra você?".

Uma permissão bem feita tende a produzir conversas mais focadas e produtivas, permite utilizarmos o posicionamento, se for necessário, além de ser uma demonstração de respeito pelo outro. Com isso, aumentam as chances de gerar entendimento.

A forma empática de comunicação dá espaço para o outro se colocar e evidencia o propósito de uma colaboração mútua.

DIÁLOGO INTERNO

A assertividade está diretamente ligada à clareza das nossas ideias e ao modo como vamos atingir o outro. Mas devemos cuidar também da qualidade da nossa comunicação interna. Aquilo que dizemos a nós mesmos gera respostas internas impactantes, com melhora ou piora dos nossos sentimentos, das nossas emoções e das nossas ações. É muito comum a mulher ter pensamentos "destrutivos", duvidando da sua própria competência, do tipo "será que eu sou capaz?". Ou fazer autocríticas, como "que burra, errei de novo". Somos capazes de falar coisas que não seríamos capazes de falar para outra pessoa. Às vezes isso é tão cruel que mina a autoconfiança e acaba transparecendo para as pessoas por meio do nosso comportamento.

O psicólogo e neurocientista americano Ethan Kross, no livro *A voz na sua cabeça*, nos chama a atenção para a importância da nossa voz interna. Segundo ele, prestar atenção nos nossos pensamentos e sentimentos nos permite imaginar, lembrar, refletir e depois usar esses devaneios para resolver problemas, inovar e criar. Trata-se de um avanço evolutivo essencial, que nos diferencia de outras espécies. Quando sofremos, porém, essa introspecção costuma causar danos: prejudica nosso desempenho no trabalho, interfere na nossa capacidade de tomar decisões e influencia negativamente os nossos relacionamentos. O "falatório mental" negativo nos rouba energia e prejudica as nossas atitudes.

O escritor americano Tony Robbins afirma que "nada tem mais poder sobre mim do que aquele que eu atribuo aos meus pensamentos conscientes. Lembre-se: uma vez aceitas, nossas convicções tornam-se ordens inquestionáveis para o sistema nervoso e possuem o poder de expandir ou destruir as possibilidades do nosso presente e futuro". Portanto, precisamos cuidar do nosso diálogo interno. Desligue-se e deixe passar qualquer forma negativa de se referir a você e cultive a consciência de suas qualidades, de seus pontos positivos, de seus acertos. Sejamos gentis com nós mesmas!

DIFICULDADE EM DIZER "NÃO"

Muitas pessoas têm dificuldade em dizer "não". Na nossa sociedade, o "não" é muito malvisto. Nós temos receio de falar "não" porque queremos a aprovação do outro, gostamos que o outro goste de nós. Esse comportamento ocorre desde os nossos ancestrais. A raça humana, frágil e indefesa, só sobreviveu por causa da atuação em bandos, pela possibilidade de estar em grupo. Isso forjou em nós o grande receio de não sermos aceitos num grupo e, consequentemente, de ficarmos desprotegidos. Claro que isso varia de acordo com a cultura. Americanos, por exemplo, tendem a ser mais pragmáticos e assertivos em sua maneira de lidar com as pessoas. No Brasil, essa situação é ainda muito delicada. Para nós é muito importante sermos gentis! Trata-se de um valor relevante e valorizado entre nós. Por isso, muitas vezes concordamos em fazer algo apenas para não desagradar a outra parte. Porém, por dentro ficamos: "Vou deixar de fazer um monte de coisas que eu tinha programado para te atender". Quando isso acontece, deixamos nossos desejos e necessidades de lado para priorizar o outro. E, mesmo que façamos nos contrariando, alimentamos uma expectativa de retorno, de algum tipo de reconhecimento, que nem sempre vem. Ou seja, quando dizemos "sim" ao outro sem que essa seja a nossa vontade, dizemos "não" a nós mesmas.

Existem, entretanto, modos e modos de dizer "não". O português António Sacavém, especialista em comunicação, no livro *Aprenda a dizer não sem culpas*, explica que o exercício do "não" é fundamental para o nosso bem-estar. Podemos, no entanto, dizer "não" de modo positivo.

Vamos supor que eu, Leny, esteja focada em terminar de escrever um livro. Para terminar no prazo programado, preciso me dedicar diariamente por duas horas à escrita. De repente, uma amiga me convida para tomar um chope, no fim da tarde, que, por acaso, é o horário para me dedicar ao livro. A minha tendência é aceitar. "Ah, ela é tão minha amiga, eu não vou desapontá-la". Só que, ao ir contrariada, há o risco de eu não ser uma boa companhia, porque internamente ficarei pensando "hoje atrasei meu projeto". Eu posso ficar muito incomodada com esse conflito interno. Trata-se de uma situação em que o "não" precisa ser utilizado. Mas com todo o cuidado.

A conduta mais adequada, baseada na proposta de Sacavém do "não positivo", consiste em três passos:

1. Acolhimento

"Que bacana você me convidar. Você sabe o quanto eu gosto de bater papo com você, que é uma amiga muito querida."

2. Explicação

"Sabe o que acontece? Estou me programando para entregar o meu livro e estou usando esse período do dia para cumprir as etapas e concluir no prazo."

3. Proposta de solução

"Em vez de hoje, quarta-feira, o que você acha de nos encontrarmos no sábado?"

Eu acolhi, justifiquei e propus uma alternativa que pode agradar as duas partes. São formas que permitem uma relação muito positiva para os dois lados. Ao mesmo tempo, eu mantenho o compromisso comigo mesma e ofereço a minha companhia plena no sábado, porque estarei tranquila e inteira naquele contato.

O "não positivo", como diz Sacavém, é um caminho para uma relação de ganha-ganha. Quando temos consciência disso, conseguimos modificar a nossa maneira de lidar com as circunstâncias, ficamos mais confortáveis com nós mesmos e geramos uma interação mais gratificante com o outro.

MANSPLAINING

Costuma caminhar junto com o *manterrupting*, que já vimos. Termo usado para situações em que um homem explica algo óbvio a uma mulher, de forma didática, exagerada, como se ela não fosse capaz de entender, mesmo quando ela conhece o assunto. Deriva da junção em inglês de "*man*" (homem) e "*explaining*" (explicar).

Trata-se de algo muito frequente em situações de trabalho e que deve ser contraposto de forma assertiva e profissional.

O primeiro passo é manter-se segura, não se sentir inferiorizada pela situação. Ao contrário do que pode parecer, o *mansplaining* mostra como o homem fica vulnerável ao perceber que a mulher domina mais do que ele determinado assunto. Aumenta, assim, o medo de ele ser superado. Procure não se intimidar, retome a palavra e mostre segurança por meio de sua comunicação. Afinal, você sabe do que está falando!

Por exemplo, se ele começar a te explicar algo dessa forma exagerada, o interrompa com um sorriso no rosto e diga que já entendeu! Fale a mensagem principal de modo seguro e sintético, pergunte se é isso e encerre o assunto.

BROPRIATING

Acontece quando um homem se apropria de uma ideia já expressa por uma mulher, buscando levar os créditos no lugar ela. O termo é uma junção de "*bro*" (de *brother*, irmão, mano) e "*appropriating*" (apropriação).

Além da óbvia frustração que gera, o *bropriating* pode desencadear problemas emocionais, baixa autoestima, bloqueio criativo, distorção da realidade, desvalorização da mulher no mercado de trabalho, entre outras consequências. É essencial encontrar meios para reconhecer e desestruturar a prática, levar propostas de discussão do tema na empresa, junto ao departamento de recursos humanos.

No momento em que acontece, é preciso corrigir com vigor a fala do homem e assumir a autoria da ideia. É muito importante que outras mulheres exerçam a sororidade e confirmem a autoria da colega. E, se esse comportamento partir de outros homens, melhor ainda, pois reforça a mensagem de que aquele ambiente não é transigente com injustiças.

Em relação a esses comportamentos, nem sempre é possível controlar a conduta alheia, mas procure não levar para o pessoal. Mostre claramente o que está acontecendo, de forma assertiva, mantendo um tom de voz amistoso.

É um tipo de situação em que alguém que está junto também pode dizer: "Ótimo, a colega começou a trazer esse tema à tona e ela discutiu de uma maneira bem consistente".

GASLIGHTING

Derivado do inglês *gaslight* (a luz [inconstante] do candeeiro a gás), é tipo de abuso psicológico que leva a mulher a achar que enlouqueceu ou está equivocada sobre determinado assunto. É um jeito manipulador de fazer a mulher duvidar da sua capacidade de percepção, de raciocínio, de memorização.

O termo vem do filme *Gaslight*, de 1944, no qual um homem faz de tudo para que a mulher ache, e os outros também, que ela enlouqueceu, para então ficar com a fortuna dela.

No dia a dia, algumas frases são típicas desse tipo de comportamento: "Você está exagerando"; "Pare de surtar"; "Não aceita nem uma brincadeira?"; "Você está louca"; "Você anda sensível demais"; entre outras. É um comportamento que afeta homens e mulheres, mas as mulheres são culturalmente vítimas preferenciais.

Uma proposta para se sentir menos suscetível ao *gaslighting* é aprender a identificar o objetivo da conversa. Quando o propósito é de reciprocidade não deve nos fazer sentir medo, vergonha, desorientação ou confusão. Você não precisa entender o que eles estão fazendo, apenas o que você está sentindo. Você tem apenas que saber quando a reciprocidade deixou de ser um objetivo e aprender a parar de participar da conversa quando isso acontecer.

A estratégia mais eficaz é distanciar-se sempre que possível, pois geralmente são pessoas manipuladoras, tóxicas.

Experimente dizer algo como: "Teremos que concordar em discordar"; "Não gosto de como me sinto agora e quero terminar essa conversa outra hora (ou nunca)"; "O quê?" (Pedir que o outro repita o absurdo pode desencorajá-lo.); "Você está tentando definir a minha experiência e isso não é certo. Não te dou esse direito!". E, por exemplo, se no meio da conversa o outro comentar algo como "Você parece nervosa, insegura", use alguma das frases anteriores de modo firme e seguro.

Podemos resolver praticamente tudo utilizando a nossa comunicação de modo eficiente. Mas, para que isso aconteça, o objetivo das duas pessoas deve ser a compreensão, o entendimento mútuo. No momento que alguém tenta substituir a sua experiência, falar por você, infelizmente é hora de parar de se comunicar, pelo menos sobre o assunto em questão.

Nas situações em que houver discordância, entenda que o confronto de ideias é natural, já que somos pessoas diferentes, e pode ser muito interessante para os dois lados crescerem, aprenderem mais.

Por outro lado, é importante aprender a discordar. Segundo a pesquisadora da Stanford University, Denise Rabius, citada por Lucelena Ferreira em seu livro *Mulheres na liderança*, há três tipos de abordagem que podemos ter, com suas respectivas reações:

1. *Turning forward* – Faça com que o outro se aproxime de você, se sinta ouvido e respeitado; use a comunicação assertiva e respeitosa, coloque seus pontos com clareza e empatia. Dessa forma, a reação tende a ser colaborativa.

2. *Turning away* – É a abordagem desrespeitosa, autoritária, impositiva. Esse comportamento faz com que o outro perca o interesse pelo debate e se afaste.

3. *Turning against* – Numa abordagem agressiva, o outro tende a reagir na defensiva ou no ataque, dependendo se é mais fraco ou mais forte que você. Trata-se de um comportamento que certamente gera mais desentendimento.

Nossa grande busca deve ser por, mesmo discordando do outro, mantermos a abordagem *turning forward*, com a reação colaborativa do outro lado. Para isso, o cuidado com a forma da nossa comunicação é determinante. Experimente expressões como "eu concordo quando você diz que valores são importantes. Por outro lado, tenho visto organizações em que eles não saem do papel". Aqui, frisamos pontos de concordância antes de discordar. Ou "quero desenvolver em cima do que você falou"; nesse caso, valorizamos o que o outro disse e construímos a percepção de querermos somar.

Ao contrário, formas descuidadas nos levam ao *turning away* e ao *turning against*, como "você está errado", "não concordo com nada do que você disse", "seu argumento é furado"... Percebe a diferença? Pode discordar, mas comunique a sua discordância de modo respeitoso.

Discordar do outro é legítimo e até saudável. Somos diferentes, temos crenças, valores e experiências diversas. Às vezes, essas diferenças nos afastam e nos encerram nas nossas bolhas, sobretudo nesse mundo tão polarizado. Esse comportamento contribui para o empobrecimento da discussão e para a diminuição da nossa aprendizagem. Corremos grande risco de "emburrecermos".

De acordo com o neurocientista francês Michel Desmurget, no livro *Fábrica de cretinos digitais*, pela primeira vez na história da humanidade, o QI dos nossos descendentes foi percebido como menor do que os nossos. Ao buscarem explicações, os cientistas identificaram duas condições: o uso exagerado de telas (do computador, do laptop, do tablet, do celular), que acaba "cansando" o nosso cérebro, e a limitação causada por nos mantermos isolados em bolhas, juntos apenas daqueles que pensam e agem como nós. A utilização das redes sociais acentua ainda mais essa situação.

Quando postamos algo, é comum que as pessoas próximas de nós aplaudam. Quando alguém faz alguma crítica, nossa tendência é bloquearmos aquele ser "estranho".

É importante entendermos eventuais pontos de conflito como oportunidades de reflexão, de abrirmos a nossa cabeça e nosso coração para outras possibilidades, experiências e conclusões. Para isso, vale ouvirmos o outro com atenção e respeito; buscarmos pontos em comum; e olharmos as divergências com a mente aberta, com o "cérebro poroso" que o saudoso psiquiatra Flávio Gikovate recomendava. Analisar, refletir e, se for o caso, mudarmos a nossa ideia inicial, mantermos a convicção ou criarmos uma construção híbrida, com a junção de argumentos dos dois lados. Esse comportamento certamente nos ajudará a lidar bem com qualquer tipo de relação e a nos enriquecer como seres humanos.

DESRESPEITO SEM CORTES

Em 2019, um estudo demonstrou o sexismo e o desrespeito em relação a alunas e professoras da Faculdade de Direito da Universidade de São Paulo. O resultado do estudo se transformou no livro *Interações de gênero nas salas de aula da Faculdade de Direito da USP: um currículo oculto?*.

Durante quatro meses, a professora Sheila Cerezetti e duas pós-graduandas observaram as aulas e os eventos, como seminários, e entrevistaram estudantes. Elas identificaram que as alunas participavam muito menos das aulas do que os rapazes. E quando faziam suas colocações eram muito mais interrompidas do que os alunos.

O estudo mostra que dos 152 docentes, 126 são homens (83%) e só 26 (17%) são mulheres. As pesquisadoras perceberam que os exemplos usados na sala de aula pelos professores, em geral, quando positivos, envolviam homens, na condição de provedor, de pessoa responsável. Ao passo que os exemplos negativos, de quem quer tirar a vantagem, geralmente eram associados a personagens do sexo feminino.

Em relação aos discentes, em 2019 as mulheres representavam 40% dos alunos do curso da USP. De maneira geral no país, havia uma ocorrência de 49% de mulheres cursando Direito.

O resultado do estudo permitiu elaborar ações para lidar melhor com esse tipo de situação. A constatação, por exemplo, do corpo docente com mais homens poderia ter relação com o fato de mulheres, quando terminam a pós-graduação – mestrado, doutorado –, geralmente estarem em idade de ter filhos. E, às vezes, isso atrapalhava a intenção de se candidatarem a vagas na docência. Uma medida que a faculdade adotou foi que, quando tivesse uma candidata grávida, essa vaga poderia ser congelada por até um ano. Também foram criadas uma ouvidoria e uma disciplina optativa para questões de gênero.

Essa diferença acontece desde a infância. Muitas vezes, as meninas encontram mais dificuldade de se colocarem do que os meninos. As pessoas que ficam mais introvertidas nessa fase acabam assumindo um papel coadjuvante mais tarde. Começa a haver uma discrepância entre a capacidade técnica que a pessoa desenvolve e a sua facilidade em expressar isso.

Esse é um padrão que se verifica em muitos estudos. Um levantamento do IBGE em 2017 feito com grandes grupos empresariais verificou que na base da pirâmide, em cargos que exigem menos qualificação, metade dos funcionários são homens e a outra metade é composta por mulheres. Na gerência média, a história muda: 70% dos cargos são ocupados por homens e apenas 30% por mulheres. Na gerência superior, a discrepância fica ainda mais evidente: 80% são homens e 20% são mulheres. E no nível de direção 90% são homens. São raras as mulheres que chegam na ponta. A mesma coisa acontece no ensino superior: 40% do corpo discente é composto por alunas nos principais cursos, em instituições públicas e privadas, e apenas 17% do corpo docente é composto por professoras.

Esse cenário nos aponta para a necessidade de um movimento por parte das mulheres, e também da contribuição dos homens, para que essas distorções sejam corrigidas. Mulheres que utilizam uma comunicação assertiva favorecem esse empoderamento. Vale o cuidado dos homens de começarem a olhar essa questão com mais atenção. E das mulheres se instrumentalizarem para, além de serem tecnicamente e profissionalmente muito boas, serem capazes de se comunicarem, de maneira que mostrem essa capacitação, essa habilidade para interagir, para discutir e para participar efetivamente.

Na área do Direito já citada, um fato nos traz um alento: em novembro de 2021, a advogada criminalista Patrícia Vanzolin foi eleita presidente da Ordem dos Advogados do Brasil, seção de São Paulo. É a primeira mulher a ocupar esse cargo, desde a fundação da entidade, em 1932. Até então, foram 22 homens na presidência.

O Direito tem sido uma carreira cada vez mais feminina. Patrícia traz de maneira muito clara no seu discurso esse conteúdo, buscando essa representatividade, que é tão relevante. Além da sólida formação, chama muito a atenção a sua comunicação firme, assertiva, objetiva. A fluência na fala gera uma associação com fluência de pensamento. Essa relação impacta favoravelmente ao revelar o tanto que pessoas com esse perfil demonstram conhecer os temas que abordam, como têm repertório, pensamento analítico e crítico e habilidade de fazer conexões e reflexões sobre fatos, circunstâncias e opiniões.

Mesmo assim, já citamos em capítulo anterior a ocorrência de "atentados" à comunicação feminina. Aqui, vale o cuidado e a disposição clara de termos a ajuda, o auxílio de uma rede de apoio, composta por homens e especialmente por mulheres. É mais do que necessário que as mulheres superem e desmistifiquem o conceito de que sempre há competição e rivalidade entre elas.

Tanto que a palavra "sororidade", derivada do latim "*sóror*", que significa "irmã", vem sendo cada vez mais pronunciada para demonstrar um pacto entre as mulheres regido por princípios como empatia e solidariedade.

No âmbito do trabalho, existem grupos de sororidade formados com o objetivo de contribuir para o empoderamento das mulheres em suas trajetórias profissionais, em diversas frentes, como formação, aceleração de carreiras e acesso a oportunidades de concorrer a uma vaga, entre outras.

"A gente troca muita ideia profissional, muita ideia pessoal e se ajuda muito nessa procura por mulheres boas para colocar no mercado. Uma das iniciativas é a aceleradora de carreira para mulheres negras, com executivas que tentam ajudar na formação das que estão entrando no mercado. Como a gente faz um banco de dados, como introduz essas mulheres na vida corporativa. E outros grupos me chamaram. São pessoas que eu não tenho receio de ligar 'eu não sei isso, você sabe, topa compartilhar comigo?', ou 'estou com uma preocupação', ou 'vi que tem uma oportunidade para você'. A minha sensação hoje é que existe muito mais suporte e visibilidade. A gente era quase invisível."

Claudia Sender

Em seu livro *Vamos juntas? O guia da sororidade para todas*, a jornalista Babi Souza apresenta um dos conceitos básicos do feminismo que joga por terra o mito da rivalidade feminina. Sororidade é "olhar carinhoso para outra mulher", "a união e a aliança entre mulheres para alcançar objetivos comuns", "enxergar outra mulher como irmã na luta por direitos iguais", "versão feminina da palavra fraternidade".

Em entrevista para o site Uai, em 2016, ela afirma que não sabe dizer se a ausência da sororidade gera rivalidade ou se o fato de as mulheres acreditarem que são rivais é que gera a ausência de sororidade. "Não importa. O fato é que fomos ensinadas a achar que não temos motivos para nos unirmos ou, ainda, que, mesmo se quisermos nos unir, isso não seria possível, afinal, somos mulheres e apenas os homens são capazes de ter laços verdadeiros e intocáveis", observa.

Assim, a autora defende a união como a melhor saída para as mulheres em sua luta contra o machismo e a opressão. Para ela, a crença de que não temos capacidade de ser gentis umas com as outras e de que somos naturalmente rivais ajuda a sustentar esse machismo estrutural. "A noção de que temos menos valor ou capacidade por sermos mulheres nos rodeia desde a infância. Nascer um ser do sexo feminino significa para a nossa sociedade ter menos direitos, menos liberdade e mais deveres do que os homens. A maioria desses discursos já é identificada por muitas mulheres como machismo, mas a ideia de que não temos a capacidade de criar laços entre nós ainda passa despercebida por grande parte da sociedade. Uma prova disso é o fato de que, de modo geral, poucas pessoas conhecem o significado de sororidade. Nenhum fator biológico nos torna menos capazes que os homens de ser amigas, mas ouvir e acreditar nisso a vida toda, sim", salienta.

Essa reflexão nos faz olhar para as situações do nosso dia a dia e procurar relações de ajuda mútua. Sabemos que sentimentos de inadequação e de insegurança são mais frequentes em mulheres. Esse fato, associado à falta de consciência sobre como as relações acontecem, favorece a violência velada, o machismo sutil.

Para a médica **Albertina Duarte Takiuti**, o medo de não agradar pode trazer desdobramentos com grande impacto à vida das mulheres:

"Uma mulher de 40 anos não usa camisinha não porque ela não sabe, mas por medo de não agradar o parceiro. O medo de não agradar gera uma submissão. Quando ela se liberta desse medo, passa a ter metas, habilidades, e se pergunta 'qual o pedágio que eu pago por essa escolha'? Trabalhamos muito esse eixo com adolescentes. Hoje as mulheres falam mais, mas ainda têm muitos medos. A transição para a adolescência é fundamental, se ela aprende a ser escrava dos 10 aos 14 anos, ela vai ser escrava dos 10 aos 17, e, se eu não conseguir que, dos 10 aos 20, ela não seja escrava, ela criará e educará escravas. A gravidez na adolescência é uma falta de empoderamento. Esse maldito medo de não agradar começa na adolescência. Quando ela perde o corpo infantil, começa a desenhar um corpo – e eu nunca vi uma ditadura do corpo tão grande –, ela tem de ter a altura da moda, o cabelo da moda, o peito da moda, a bunda da moda. Quando ela sai com uma autoimagem negativa para a primeira relação amorosa, não vai conseguir se colocar, vai se sentir sempre inferior. A escolha da profissão vai acontecer entre 17 e 20 anos."

Albertina Duarte Takiuti, coordenadora do Programa Saúde da Adolescente da Secretaria Estadual de Saúde de São Paulo e chefe do Ambulatório de Ginecologia da Adolescente da USP

REFERÊNCIAS DE LIDERANÇA

Em toda área de atuação, a busca por referências, por modelos, nos ajuda a enxergar uma trajetória a seguir, um caminho a ser percorrido. Mulheres pioneiras em cargos de liderança não tiveram essa oportunidade. Hoje já temos várias referências, e percebemos como muitas vezes o preconceito dificulta o acesso aos cargos de liderança.

Um estudo conduzido pela professora Kelly Shue, da Yale School, publicado na revista *Época Negócios* em outubro de 2022, identificou que as mulheres geralmente obtêm melhores classificações de desempenho do que os homens, mas são

frequentemente julgadas como tendo menos potencial de liderança e não são promovidas por conta disso.

Numa perspectiva histórica, os modelos de liderança sempre se pautaram pela racionalidade, por uma objetividade maior na comunicação. Afinal, a assertividade é um atributo decisivo para que entreguemos de modo eficiente as nossas mensagens e deixemos claro o que esperamos do nosso interlocutor.

Quando no mundo do trabalho percebeu-se que o capital humano era o fator que realmente fazia a diferença, de que o desempenho das equipes passou a ser decisivo nos resultados, de que as parcerias precisavam ser feitas para viabilizar projetos, a assertividade sozinha deixou de ser suficiente. Nós começamos a identificar o valor e a importância da empatia, que tem a ver com a nossa capacidade de perceber o outro, de identificar o que acontece com o nosso interlocutor, como ele se sente, o que o motiva, o que o inspira. Expressar o que sentimos e estarmos abertos para percebermos o que o outro expressa é uma forma legítima e eficiente de exercitarmos a empatia. Essa capacidade foi por muito tempo negligenciada e até sufocada, por ser associada à fraqueza. Hoje, seu espaço é reconhecido e valorizado. Nossas emoções nos humanizam.

"Há duas características da liderança feminina. A primeira é ser capaz de fazer várias coisas ao mesmo tempo. A segunda, as mulheres não gostam quando eu digo, mas eu acho muito positiva, que é expressar um sentimento. As mulheres choram mais e ficam: 'Ah, porque a mulher chorou'. Expressar um sentimento é uma coisa viva, é coisa muito bonita. Se eu tiver de chorar numa reunião e tomar uma decisão, eu vou chorar e vou tomar uma decisão. As mulheres têm essa sensibilidade à flor da pele, muito mais do que os homens. Talvez pela própria criação, é cultural."

Patrícia Freitas

Existem realmente várias diferenças. Ainda bem que nós somos todos diferentes e complementares. Em termos de comunicação, as mulheres, de forma geral, falam mais do que os homens, explicam de uma maneira mais analítica do que a maioria dos homens. Isso, como qualquer característica, tem um lado bom e um lado ruim.

No livro *Por que os homens mentem e as mulheres choram*, os autores australianos Alan e Barbara Pease colocam algumas perguntas geralmente feitas sobre a comunicação feminina. Claro que são perguntas feitas por homens, como: "por que as mulheres falam tanto?", "por que as mulheres sempre querem falar sobre problemas?", "por que as mulheres exageram na forma como se colocam?", "por que elas querem saber tudo com muitos detalhes?", "por que não vão direto ao assunto?".

E o livro traz algumas explicações. Existem razões científicas, e isso é fruto de pesquisas bem sérias sobre o tema. De forma geral, o cérebro feminino é mais apto às funções de fala e de linguagem. Esse é um dado muito conhecido. Tanto que meninas tendem a ter uma facilidade maior e uma precocidade no desenvolvimento da fala e os meninos, em geral, apresentam mais problemas de fala. Nos distúrbios articulatórios, por exemplo, como trocas de letras, gagueira, a proporção é de praticamente dois meninos para cada menina, segundo dados da Sociedade Brasileira de Fonoaudiologia.

Somando-se a isso há uma questão cultural: as meninas são mais estimuladas a falarem, a contarem e ouvirem histórias, enquanto os meninos são mais incentivados para atividades físicas, para competições.

Mulheres chegam a falar, em média, de 6 mil a 8 mil palavras por dia, enquanto os homens costumam falar de 2 mil a 4 mil palavras diariamente.

As mulheres têm também uma riqueza maior de repertório, por isso, explicam as coisas de uma forma mais completa. Em uma experiência realizada por uma consultoria nos Estados Unidos, foi pedido a 58 pessoas que contassem histórias com tema livre. Esse grupo era formado por 33 mulheres e 25 homens, de 14 a 70 anos de idade. Verificou-se que os homens falam muito mais de si, enquanto as mulheres falam mais sobre outras pessoas.

Um segundo ponto foi observado: homens falam mais sobre situações em que se saíram bem, "contam vantagens". Mulheres, por sua vez, tendem a falar mais de situações em que se saíram mal. Relatam problemas, casos em que a solução não foi a melhor possível. Outro dado interessante é que os homens enaltecem mais o individualismo e a autossuficiência, enquanto as mulheres trazem mais características de afinidade, de empatia, de interdependência, de envolvimento com aquilo que dizem.

Essas diferenças configuram formas e comportamentos distintos e representam estratégias ricas e complementares de atuação. Quando há respeito e valorização dessa diversidade, aumentam as possibilidades de se atender bem às diferentes demandas e de se chegar ao entendimento.

Independentemente dessas diferenças, desde cedo as mulheres precisam lidar com vários tipos de barreiras, de preconceitos. Há questões relacionadas a várias frentes: condição econômica, machismo, etarismo, classe social, expectativas sobre casamento e maternidade. Os preconceitos muitas vezes afetam as nossas referências de liderança e dificultam o avanço profissional; aquelas, porém, que conseguem superar as limitações e se destacam, passam a ser inspiração para quem está em busca dessa mesma trajetória.

A deputada federal **Tabata Amaral** recorda um caso de machismo que ocorreu com ela na adolescência.

> "Fui para cinco competições mundiais na equipe brasileira de química, astronomia, astrofísica e astronáutica. Nas cinco, eu fui a única mulher e percebi 'tem algo diferente por eu ser mulher'. Eu me lembro de uma história corriqueira, mas muito simbólica. Eu devia ter uns 14, 15 anos, e era a única menina numa turma de química ou de astronomia. Um menino de outra equipe, incomodado com o meu desempenho, levantou e falou que eu era um menino disfarçado de menina, por isso que eu era tão boa em ciência. É ridículo, com essa idade, a gente ter de se provar tanto. E eu tentando provar que sou feminina sendo boa em ciência. O Brasil tinha uma representação inferior de mulheres na equipe, comparado, por exemplo, ao Irã e a países árabes, que sabemos que têm um machismo estrutural muito mais presente. Então, o Brasil vai muito mal nesse quesito."
>
> **Tabata Amaral**, deputada federal pelo PSB de São Paulo, ativista pela educação brasileira, formada em Ciência Política e Astrofísica

O relato da médica **Albertina Duarte Takiuti** expõe as camadas de dificuldades. Ser mulher pesou menos do que a condição financeira para seguir a carreira que almejou.

"Eu disse para a minha mãe: 'Vou ser médica'. E ela: 'Pobre não faz Medicina'. Eu disse: 'Sou pobre, mas sou inteligente, eu vou ser'. Tive certeza no dia em que o meu irmãozinho morreu, demoraram para operá-lo. Eu tinha 7 anos e dizia: 'Espera, eu vou ser médica e vou te tratar'. Isso ficou na minha cabeça. Quando eu queimei o braço com uma panela de água quente, eu fui ao Hospital das Clínicas e achei lindo aquele décimo andar. 'Eu tenho certeza de que vou trabalhar aqui', falei para o médico que me atendeu. E ele: 'Seja bem-vinda'. É o andar em que eu atendo até hoje. Eu fiz o [curso] normal, a minha mãe queria, porque 'pobre vai ser professora', e o científico ao mesmo tempo. Quando entrei na faculdade, pensei: 'É tudo o que eu quero'. No primeiro ano, fui trabalhar no banco de sangue aos domingos, porque eu queria me especializar. No terceiro ano, fiz o primeiro parto. Ninguém fazia, só no quarto ano. Fiquei oito anos, todos os domingos, só parei depois que a minha filha nasceu. Fazer residência no Hospital das Clínicas foi uma grande vitória."

O etarismo pode ser outra barreira, comumente relatada por pessoas acima dos 45 anos, mas que também pode ser um impeditivo nos estágios iniciais da carreira, como conta **Patrícia Freitas**, que assumiu um cargo de liderança aos 25 anos, numa empresa de tecnologia no Rio de Janeiro. Ela considera que essa chance poderia não ter aparecido se estivesse em outras organizações, que ainda se posicionam com preconceito:

> "Para uma posição de liderança, você viveu pouco ainda. A liderança não é por um conhecimento técnico. Eu acho importante conhecer, ter uma liderança num determinado segmento te ajuda a lidar com as pessoas, com os desafios que as equipes têm. Mas, quando se pensa em liderança, se pensa muito em maturidade, nas coisas que você viveu. Você pode ser um líder porque viveu situações pessoais que te transformaram num líder, num inspirador, num influenciador."

Além dos diferentes preconceitos já citados, há algumas características relacionadas à cultura patriarcal, que ainda se fazem presentes.

A advogada **Valéria Reani**, que cursava Engenharia em Santos, resolveu ingressar em Direito. A mudança de rota não foi problema, mas esbarrou numa interdição familiar quanto ao local do curso:

"Eu me inscrevi no vestibular da USP e na Unisantos, que é uma universidade bem cotada na pontuação geral do Capes. Eu passei nas duas e fiquei muito empolgada com a USP. E meu pai falou que filha dele não estudava fora, não ficaria em república. Eu não tinha quem me bancasse fora de casa e acabei fazendo a Unisantos. Amei. Fui das melhores alunas, inclusive na área penal."

Valéria Reani Rodrigues Garcia, advogada especialista em Direito Digital, *compliance* e privacidade de dados. Presidente da Comissão Especial de Privacidade e Proteção de Dados Pessoais da OAB Campinas

Apesar dos impeditivos de variadas naturezas, as referências femininas vão se multiplicando ao longo dos anos, o que projeta algum nível de otimismo, como o captado pela pesquisa Global Female Leaders Outlook, realizada pela KPMG no final de 2020. Os dados, colhidos junto a 675 executivas (47 brasileiras), de 52 países, mostram que a pandemia acelerou um processo de diversidade de gênero.

Por conta da crise, características consideradas mais femininas passaram a ser mais valorizadas. Para 68% das entrevistadas, a comunicação com os funcionários melhorou. Também 68% apontaram maior facilidade para contratação de talentos. A possibilidade de trabalhar remotamente favoreceu o recrutamento de profissionais de vários locais. Tanto que 98% pretendem fortalecer a comunicação digital. Na questão das condições de trabalho, 52% das mulheres relataram aumento do equilíbrio entre a vida pessoal e a vida profissional. Dentre as entrevistadas, 48% consideraram muito satisfatória a flexibilidade de tempo e 34% fizeram referência a uma atmosfera mais positiva, a uma busca de ajuda, a um ambiente de trabalho em que as pessoas procuram se associar.

Em relação ao período de crise, 80% das mulheres afirmaram ter um planejamento estratégico, 43% esperam ser promovidas nessa fase e 57% delas acreditam que serão sucedidas por outras mulheres nos cargos.

As brasileiras se mostraram mais otimistas que as líderes de outros países. Esse ganho sobre a consciência das próprias qualidades, do direito que têm de colher os frutos do que fazem também foi algo que surgiu de modo claro. O melhor preparo acadêmico foi uma das razões para o aumento dessa confiança. Desse grupo, 80% tinham pós-graduação, uma formação acadêmica consistente. Elas afirmam que enfrentaram a crise com agilidade, com flexibilidade, com inteligência criativa. Antes não havia essa percepção. E elas se mostraram também muito abertas para os desafios do mercado global, com foco em inovação.

Em relação à inovação, é importante as lideranças criarem um ambiente com liberdade para as pessoas para atuarem, e até para errar, na busca por outras maneiras de pensar e de fazer. Quando os liderados se percebem incentivados e acolhidos, o campo fica mais propício para que a inovação ocorra.

As entrevistadas consideram que ainda existe muito a ser feito, que o preconceito permanece. Muitas disseram não ter ideia do salário dos homens ou de uma eventual equidade de salários. Muitas não têm nem acesso a essa informação. Historicamente há uma diferença de remuneração entre homens e mulheres.

Muito do comportamento feminino pode reforçar ou combater essa distorção. A engenheira e consultora em precificação Casey Brown, numa apresentação no TED Talks, intitulada “Saiba o seu valor e cobre por ele”, faz considerações sobre o valor do trabalho e sobre como agir para alcançar uma remuneração justa.

Ela propõe as seguintes reflexões:

- Qual é a necessidade do meu cliente? Para saber isso, aposte na escuta ativa, no interesse claro em identificar o que o outro precisa.
- Qual conjunto de habilidades me torna melhor qualificada para servi-lo? Faça uma lista de seus pontos fortes, identifique eventuais pontos de melhoria e parta para a ação.
- O que eu faço que ninguém mais faz? O critério da escassez é infalível e ter essa consciência forma uma vantagem competitiva.
- Quais os problemas que resolvo para meus clientes? Quando se consegue explicitar o benefício que o outro terá, a atenção e o interesse dele serão conquistados.

- Quais valores acrescento? Identifique com clareza a diferença que você faz para o outro a partir da sua atuação profissional.

Cuidado com a linguagem que você usa para falar sobre você e seu trabalho; ela pode diminuir ou ressaltar a sua importância. Encontre a sua voz autêntica e verdadeira.

Pode ser que você pense: "Tenho receio de parecer que estou me gabando..." Se isso acontecer, concentre-se em servir e agregar valor. Dirija a sua energia para a entrega.

Outra dica tem a ver com identificar o que te motiva, o que te impulsiona.

Explore a razão da sua paixão. O que você ama o que você faz? Falar com as pessoas com essa consciência transforma sua maneira de se comunicar e contagia.

Para saber o seu valor e saber comunicar o seu valor, Casey Brown sugere a seguinte equação: *define* + *tell* = *earn* (defina + fale = receba).

Vale refletir sobre isso. As empresas devem fazer a parte delas, e você, a sua.

Ainda hoje, é comum que as empresas utilizem métricas comuns do mundo real na avaliação de desempenho de mulheres em cargos de gestão: assertividade, capacidade de execução, liderança, ambição. Como se trata de características mais associadas culturalmente ao gênero masculino, isso pode prejudicar a ascensão de mulheres a esses cargos. São métricas absolutamente subjetivas e estereotipadas. Este modelo subestima a capacidade de desempenho das mulheres, que certamente têm grande potencial de entrega de resultados, e ainda são capazes de desenvolverem novas habilidades quando desafiadas. Assim, para evitar que esse viés interfira nas oportunidades de liderança feminina, o ideal seria que os critérios das empresas fossem diretamente voltados para a questão do desempenho, das entregas realizadas. Essa forma de tratamento, de avaliação mais personalizada, certamente facilitaria a ascensão de mulheres aos cargos de liderança. Enquanto não temos ainda controle pleno sobre isso, vale procurarmos fazer bem a nossa parte, focando na nossa entrega e comunicando bem os nossos resultados.

SÍNDROME DA IMPOSTORA

No meio profissional, muitas mulheres sentem algo que ficou conhecido como a "síndrome da impostora". É a situação em que a mulher acredita ser uma fraude e que pode ser descoberta a qualquer momento.

A expressão "síndrome do impostor" foi cunhada em 1978 por pesquisadores da Universidade Estadual da Geórgia, nos Estados Unidos. Refere-se a ambos os gêneros, só que as mulheres apresentam o comportamento numa proporção muito mais alta: 70% em mulheres e 30% em homens, segundo a psicóloga Amy Cuddy. Tanto que se fala muito mais em "síndrome da impostora" do

que "do impostor". São pessoas que se desenvolvem profissionalmente, mas, mesmo assim, questionam o seu valor.

Uma pesquisa da consultoria KPMG, de abril de 2021, ouviu 700 mulheres americanas vice-presidentes nas empresas. E 75% delas confessam que se sentiram impostoras logo que ascenderam ao cargo.

De uma forma geral, para as mulheres conseguirem cargos mais altos de liderança precisam empreender muito esforço. Precisam se desdobrar para provar a sua capacidade. Elas convencem os outros, até porque conquistam posições do topo. Ainda assim, algumas delas parecem não convencer muito a si mesmas.

> "Quando eu fui para a GE, uma empresa tão renomada, tinha dia em que pensava: 'Será que eu sou uma fraude? Será que eu mereço estar aqui realmente?'. Às vezes, olhava em volta e 'as pessoas aqui têm até um crânio diferenciado, porque esse aqui é do MIT, o outro é de Harvard, e eu sou lá de São Caetano do Sul'. Então, você tem essa dúvida se o que está fazendo realmente está correto ou se é só uma aparência que está criando. Mas logo vem alguma coisa com a qual você ganha confiança. 'Ele tem o MBA lá no MIT, mas não soube lidar com essa situação como eu consegui lidar.' Mas para eu lidar com aquela situação, também precisei dele, porque ele sabe mexer com números, com dados, que não é meu forte. Fui aprendendo a misturar conhecimentos e isso se tornou uma coisa muito poderosa para mim. É preciso ter próximo aquele que te complementa, que é diferente. Se eu entendo de palavras e você entende de números, essa combinação é melhor do que se nós duas entendermos de números."
>
> **Rose del Col**

Os homens também se sentem "impostores" em alguns momentos. Mas tendem a encarar a situação de outro modo. Quando um homem é chamado ou sondado para um cargo de liderança, costuma aceitar se acredita que tem pelo menos 60% dos requisitos. Geralmente, ele aceita e, no decorrer da atividade, vai se desenvolvendo. Para uma mulher aceitar o cargo, ela precisa sentir que tem 100% do que é exigido. Então, as mulheres impõem uma rigorosa exigência dela própria.

Elas se sentem expostas, acreditam que a qualquer momento alguém vai perceber que não são aquilo tudo. É uma situação que gera muita ansiedade, uma cobrança excessiva. A busca pelo perfeccionismo tem a ver com uma autocrítica muito forte. É como se elas acreditassem que o sucesso que alcançaram é fruto de sorte ou do acaso, e, portanto, podem ser desmascaradas a qualquer momento. Esse comportamento gera problemas quando começam a se autossabotarem. Comumente, esse processo se inicia com elas duvidando do próprio mérito e tendendo a querer se encolher.

Aliás, autossabotagem é um tema que merece atenção. É uma forma de lidarmos com emoções e sentimentos negativos. São "crenças" que criamos para nós mesmas.

É fundamental identificar os disparadores da autossabotagem. Entre os mais frequentes, constam:

- Medo do fracasso: buscamos sempre acertar, sermos bem-sucedidas. O medo de falhar tem a ver com uma defesa primitiva, associada à busca de aceitação.
- Necessidade de conforto emocional: estamos o tempo todo expostas a emoções positivas e negativas. Faz parte da vida. Deixar de lidar com emoções negativas, negando-as, nos impede de sentirmos e de curtirmos as positivas. É como se nos anestesiássemos.
- Necessidade de controle: essa é uma ilusão, uma busca sem nenhuma possibilidade de sucesso. Não temos controle absoluto sobre o nosso meio. Vale dirigirmos a nossa energia para gerenciarmos a forma como nós reagimos ao que nos acontece.

Como identificar se estamos nos autossabotando? Existem comportamentos que são muito comuns:

- Procrastinação: adiar o trabalho, a entrega, o aceite do convite.
- Perfeccionismo: só entregar se estiver perfeito.
- Passividade: só fazer o que o outro pedir – e se pedir.
- Delegação do seu futuro: não planejar, entrar no modo "deixo a vida me levar".

Identificou algum desses comportamentos? E agora, o que fazer? Há formas assertivas de lidar com os disparadores e parar de se autossabotar:

- Considere que emoções negativas e positivas fazem parte da vida. Ambas devem ser levadas em conta, com abertura e disposição.
- Abra-se para os *feedbacks*, busque-os ativamente, aceite as críticas. Isso até te protege de eventuais "fofocas", porque você passa a ser vista como uma pessoa aberta.
- Busque a melhoria contínua, parta para a ação, se programando em termos de curto, médio e longo prazo.
- Identifique os possíveis ganhos que você tem quando se autossabota. Por exemplo, pode ser que você adie dores, fuja de ameaças.
- Abrace a ideia de que é melhor o feito do que o perfeito.
- Cuidado com o solilóquio, o diálogo interno. Seja gentil com você, assim como é com os outros.
- Desmistifique seus medos, combata as suas crenças. Desafie-os com dados concretos.

Quando nos questionamos sobre por que esse fenômeno é tão mais presente em mulheres, a primeira constatação é que existe um nível de exigência muito grande em relação a elas. As mulheres se sentem divididas e cobradas para darem conta de muitas responsabilidades, pessoais, domésticas e profissionais.

No âmbito profissional, existem vieses inconscientes que podem acentuar a percepção de menor valia, de menos entrega, de menos importância.

O componente cultural também exerce influência. Desde criança, nós ouvimos que é difícil conciliar os diferentes papéis. Só que hoje já temos inúmeros exemplos de mulheres que fazem a diferença, que conseguem se colocar de uma forma efetiva e que são importantes referências para as novas gerações. Então, precisamos contestar as crenças limitantes, que atrapalham o nosso sucesso, o nosso progresso.

Devemos ter consciência de como agregamos valor, dos atributos que nos diferenciam. Isso até funciona como um antídoto para uma eventual impressão de "ah, ela está falando para se promover". Aliás, as mulheres costumam ter essa preocupação, esse pudor. Os homens, em geral, fazem isso de uma maneira muito mais fácil. As mulheres tendem a um discurso: "Ah, não. Deixa que meu trabalho fale por si".

Algumas condições podem nos levar a nos sentirmos impostoras. Por exemplo, a falta de autoconfiança. Nós revelamos quem somos por meio das nossas atitudes, por meio da nossa comunicação. Às vezes, uma pessoa nem está tão habilitada assim, mas se coloca com uma atitude comunicativa de quem está dominando o pedaço. Enquanto a outra tem uma série de habilidades, mas, por insegurança, adota uma postura mais fechada, mais restrita. Isso é cruel, porque o nosso interlocutor é incapaz de saber o que está na nossa cabeça e vai reagir aos sinais que emitimos. Então, a busca por um comportamento de comunicação que revele confiança, segurança, é fundamental para interações mais positivas.

Em grande medida, essa "síndrome" se instala porque dependemos avidamente dos retornos das pessoas. Damos a isso o nome de "lócus de controle". Quando éramos crianças, o lócus de controle era totalmente externo: nós criávamos a percepção de quem éramos a partir do que ouvíamos sobre nós dos nossos pais, dos professores, das pessoas do nosso convívio. Nessa fase, as críticas tinham um imenso peso e éramos absolutamente dependentes dos elogios para percebermos o nosso valor. Com o tempo e a maturidade, tendemos a modificar essa percepção, e a partir do autoconhecimento passamos a utilizar o nosso lócus de controle interno. Trata-se de uma grande conquista, que garante segurança, equilíbrio e convicção do nosso valor, independentemente do meio externo. Algumas de nós, porém, demoramos muito para "virarmos essa chave". Com isso, a dependência e o sofrimento íntimo são maiores.

Ter esse deslocamento do lócus de controle de externo para interno como meta requer atenção, consciência e empenho. Isso se torna possível a partir da observação das suas fortalezas e dos seus pontos de melhoria, com a consequente ação dirigida.

Essa postura de aprendizagem, com curiosidade, inquietude e envolvimento favorece a consciência do valor e, consequentemente, do reconhecimento. Primeiro, claro, por si mesma.

> "Hoje eu me sinto confiante, sim. Porém, tive muitos episódios na minha carreira em que pessoas queriam me fazer entender que eu não era o que sou. Isso me influenciava, não sei até que ponto, mas eu acreditava que não era capaz."
>
> **Valéria Reani**

A executiva **Patrícia Freitas** relata que passou por situações semelhantes:

> "Houve vários momentos em que eu pensava: 'Ai, meu Deus, estão me colocando nisso e daqui a pouco vão descobrir que eu não sou boa para isso'. Eu nunca deixei de abraçar um desafio, mas me questionava se estava à altura dele. Eu tinha várias inseguranças, achando que a qualquer momento alguém descobriria que eu era uma impostora. É muito interessante olhar para trás e perceber coisas que você não se deu conta de que estava vivendo naquele momento. Eu nunca expus isso. De chegar e 'gente, acho que eu não estou preparada'. Por outro lado, sempre procurei me preparar. E tem a questão da personalidade. Como eu tenho esse espírito de decidir, de querer fazer, sempre coloquei isso na frente de tudo. Se me colocaram em alguma coisa, por mais que eu me questione se estou preparada ou não, tenho de resolver. Sempre busquei lidar com isso traçando alternativas para me sentir mais confiante, mais confortável."

Ao desenvolvermos a autoconfiança, passamos a ver o elogio como um retorno positivo, sem nos deslumbrarmos, porque não temos tanta necessidade dele. Ao mesmo tempo, olhamos a crítica com mais critério. "Tem algo de bom que posso aproveitar?" Se a resposta for sim, procure se aprimorar. "Parece ser apenas maldosa?" Não deixe se afetar e confie no seu valor.

Vale lembrar que ninguém é "bonzinho" no mundo corporativo. Se uma profissional é promovida ou colocada num contexto de liderança é porque é percebida como capaz para desempenhar tal papel.

A SABOTADORA QUE MORA EM MIM

Em seu livro *O poder da presença*, Amy Cuddy, professora de Psicologia da Universidade de Harvard, relata que em seu curso de MBA havia um grupo de alunos extremamente arredios, que não participava das aulas. Isso passou a preocupá-la, já que a participação nas aulas era um parâmetro de avaliação bastante valorizado no curso. Ela chegou a desconfiar que os responsáveis pelas entrevistas para o ingresso na Universidade haviam errado na seleção dos alunos aprovados, pois eles pareciam ter dificuldades em acompanhar o que estava sendo ensinado e não demonstravam envolvimento.

Inconformada, resolveu puxar assunto com eles nos intervalos das aulas e descobriu que se tratava de alunos brilhantes! Nesse mesmo livro, ela explica que pessoas que sofrem da "síndrome do impostor" tendem a se autossabotarem.

A autossabotagem é um conceito que está associado ao nosso cérebro primitivo. Nós, seres humanos, temos um sistema nervoso que busca recompensas e foge de ameaças. Por exemplo, se estamos numa reunião de trabalho e o chefe fala: "Eu não vou conseguir ir ao evento de amanhã. Você pode ir no meu lugar e fazer a apresentação?". Muitas vezes percebemos essa tarefa como uma ameaça. Nos imaginamos no palco, nervosos, gaguejando, sem darmos conta da tarefa. Nossa tendência primitiva para fugirmos da ameaça e buscarmos recompensa seria: "Ah, não. Pede para o Fulano". O que acontece? Se o Fulano topa, resolveu o problema do chefe. E naquele momento sentimos um alívio imenso por termos tirado a ameaça do horizonte. Só que, ao mesmo tempo, estamos nos privando de um benefício e de uma recompensa ainda maior, que seria o resultado de nos prepararmos e fazermos uma apresentação brilhante, reconhecida pelos outros.

A maturidade nos ajuda a conseguir adiar uma recompensa pequena, que seria o alívio de tirarmos o compromisso da frente, em benefício de uma recompensa maior, que seria o reconhecimento por uma apresentação competente.

Há um conhecido estudo que colocou crianças individualmente diante de um marshmallow macio e cheiroso. Elas foram orientadas a aguardarem um tempo diante dele, sozinhas, e foram avisadas de que aquelas que conseguissem resistir ao impulso de comer o doce ganhariam dois em seguida. A criança que conseguisse adiar um prazer menor imediato ganharia uma recompensa dobrada. Um grupo de crianças conseguiu resistir bravamente e não comeu a guloseima, aguardando o examinador voltar; outro grupo não resistiu e comeu.

Por um longo período de tempo posterior, os autores do estudo acompanharam os dois grupos, o dos que resistiram e o dos que consumiram o doce imediatamente. As crianças que resistiram alcançaram melhores cargos, maior desenvolvimento e reconhecimento profissional na idade adulta.

Outro fator que pode ser determinante nos resultados que obtemos é a nossa "voz interior", capaz de nos impulsionar ou nos derrubar.

A escritora e palestrante Katiane Vieira, em seu livro *Sucessologia*, afirma que quando começamos a dizer a nós mesmas frases que começam com "eu não (alguma coisa)", estamos sob influência do nosso "crítico interno". Além disso, a palavra "não" é percebida pela linguagem, mas não tem representação no nosso cérebro, ou seja, não é imediatamente processada. Assim, quando dizemos "não", reforçamos exatamente aquilo que queremos negar. Por exemplo, quando, diante de uma oportunidade de falar em público, eu digo para mim mesma: "Eu não estou nervosa", o nervosismo passa a ocupar mais fortemente a minha mente! Nesse caso, é mais interessante eu pensar: "Estou preparada, empolgada em transmitir o que eu sei". Por isso, é sempre melhor afirmarmos do que negarmos. Darmos ouvidos a uma voz interna mais crítica e nada gentil com nós mesmas é um comportamento muito comum e uma das razões pelas quais deixamos de dar os passos em direção ao nosso objetivo.

O crítico interno, ou a "voz sabotadora", como Lucelena Ferreira denomina em seu livro *Mulheres na liderança*, é aquela voz interior que surge justamente quando planejamos uma mudança, assumimos um desafio ou vamos realizar algo importante para nós. Há pessoas extremamente competentes, preparadas, que são torturadas por esse fenômeno interno, que pode se manifestar por meio de pensamentos do tipo:

- Eu nunca vou conseguir atingir meus objetivos.
- Eu não vou conseguir realizar isso.
- Eu não tenho direito a esta conquista.
- Eu não sei como resolver este problema.
- Eu não tenho capacidade em aprender isto.
- Eu não consigo, eu não posso, eu não sei...

Nosso crítico interno é responsável por nossos pensamentos negativos. Ele também pode trazer cansaço, fazer com que a ida para o trabalho pareça um martírio ou nos dar a impressão de um esforço grande numa batalha perdida. Outras consequências comuns são a baixa autoestima, a pouca produtividade e a autossabotagem. Pode desencadear em nós o medo que paralisa, a ansiedade, o pânico. Tais sentimentos nos impedem muitas vezes de colocarmos em prática a nossa capacidade, a nossa expertise, a nossa competência.

E o que podemos fazer com isso?

Mais uma vez, o autoconhecimento é a chave. Identificar as nossas fortalezas para ressaltá-las e colocá-las naquilo que fazemos. Assim como detectar os nossos pontos de melhoria e partir para o aperfeiçoamento, buscando a "mentalidade de crescimento", proposta pela psicóloga americana Carol Dweck em seu livro *Mindset: a nova psicologia do sucesso.* Segundo ela, há dois tipos de mentalidade: a mentalidade fixa, que nos faz acreditar que nascemos com determinados talentos, e o que foge disso não está ao nosso alcance; e a mentalidade de crescimento, que nos leva a desenvolver o que quisermos a partir do nosso esforço e dedicação. De acordo com a ciência, a mentalidade real é a de crescimento, porém, a nossa crença numa ou na outra determinará as nossas ações e tornará essa crença autorrealizável. A autora propõe que exercitemos o poder do "ainda" e, assim, partirmos para o aprendizado constante. Diante dos momentos de insegurança, usarmos o nosso diálogo interno a nosso favor. Por exemplo: "Eu ainda não tenho fluência em inglês, mas estou estudando, me dedicando, e logo terei".

Sobre isso, há outro conceito interessante, denominado janelas de memória. Registramos as situações do nosso dia a dia na nossa mente. Toda vez que estamos diante de situação semelhante, nosso cérebro resgata janelas anteriores.

Por exemplo, imagine que faz muito tempo que eu não ando de bicicleta. Num belo dia, saio para caminhar, me deparo com uma bike. Ao me sentar na bicicleta, meu cérebro resgata janelas anteriores, eu dou uma cambaleada pra lá, pra cá... E saio andando. As janelas negativas, vindas de experiências ruins, são muito mais marcantes, e geralmente se sobrepõem às outras. Isso ocorre, mais uma vez, por causa do nosso cérebro primitivo, que quer nos proteger de perigos, a qualquer custo. No exemplo da bicicleta, imagine que eu tenha tomado um tombo há alguns anos, que deixou meu joelho muito machucado. Na mesma situação descrita, ao cambalear inicialmente, o meu cérebro vai resgatar essa experiência negativa.

Assustada, vou colocar os dois pés no chão e desistir do passeio. "Que bom, meu corpo estará protegido do risco de outro tombo." Mas vou me sentir frustrada por não usufruir do prazer daquela experiência.

Já imaginou, por exemplo, como isso se manifesta quando você sobe ao palco para uma apresentação? Quando vai expor um novo projeto?

Em primeiro lugar, vale buscarmos oportunidades para gerarmos janelas positivas. Lembra-se das crenças autorrealizáveis? Se você acredita que fala mal em público, vai evitar situações de exposição e, sem treino, as chances de fazer uma má apresentação aumentam. Por isso mesmo, é recomendável buscar oportunidades para superar aquilo que você teme, com preparação e treino.

Se o nosso cérebro registra automaticamente as janelas negativas, para nossa defesa, as janelas positivas devem ser voluntariamente registradas. Como? Por meio de três passos:

1. Constatação: após a situação de exposição, por exemplo, registre conscientemente como você se saiu. "Parece que as pessoas mostraram interesse"; "Tive feedback positivo"; "Fui bem!".
2. Celebração: comemore o seu feito. "Estou me dedicando a me aprimorar, que bom, estou feliz comigo mesma".
3. Pergunte-se: "O que é que eu posso fazer diferente numa próxima oportunidade para me sair ainda melhor?"

Essa pergunta é muito positiva. Primeiro, por causa do conceito de aprendizado e melhoria constantes. Às vezes, quando precisamos realizar uma tarefa que nos deixa desconfortáveis, como nos apresentar em público, o estresse faz com que, ao terminarmos, tenhamos um alívio. "Ufa, acabei!" e já deixamos de pensar no que ocorreu. Ao fazermos isso, porém, perdemos a oportunidade de refletir e de melhorar. Responder de forma habitual a essa pergunta nos mantêm atentas à nossa melhoria. Segundo, é uma pergunta que coloca o foco no futuro. Isso é positivo, porque tendemos a "ruminar" num diálogo interno: "Nossa, eu devia ter feito isso, devia ter falado aquilo...". Esse foco no passado só traz culpa e arrependimento. Essa pergunta nos coloca proativas para irmos atrás de outras oportunidades.

É importante também identificarmos como o nosso crítico interno age dentro de nós, em quais situações ele surge para nos perturbar. Observarmos quais são os nossos "gatilhos", aquilo que tende a nos desequilibrar. Geralmente são situações que envolvem alto nível de cobrança, preocupação excessiva com prazos, frustração por não controlar fatos e pessoas, ansiedade e angústia.

O neurocientista americano David Rock, criador do termo "neuroliderança", traz em seu livro *Your brain at work* um conceito para a identificação dos gatilhos que podem nos fazer perder o controle da situação.

Ao encarar uma determinada situação como ameaça, o cérebro aciona o sistema límbico e entra em estado de alerta. Quando o sistema límbico está no comando, temos apenas três possibilidades de resposta: lutar, fugir ou congelar. Essas três possibilidades nos ajudam a lidar com situações de ameaça física. A questão é que nosso cérebro é incapaz de diferenciar ameaças físicas de ameaças emocionais. Assim, ele reage da mesma forma. No caso de ameaças emocionais, no entanto, essas três possibilidades não nos atendem e nos fazem agir de uma maneira da qual vamos nos arrepender. Situações relevantes, especialmente em nossa vida profissional, se beneficiam mais da ação do nosso neocortex, ou córtex pré-frontal, área dedicada ao pensamento lógico e racional, pelo qual criamos e temos insights (em sincronia com nosso subconsciente). Quando atuamos mobilizados pelo neocortex, tornamo-nos mais produtivos, conseguimos enxergar as coisas como elas realmente são, sem a interferência de emoções negativas.

No livro, David Rock pontua cinco necessidades básicas do nosso cérebro social. Ele afirma que, quando essas cinco necessidades estão atendidas, atuamos mobilizados pelo neocortex; já quando uma ou mais dessas necessidades não estão atendidas, o sistema límbico assume o comando.

As cinco necessidades descritas por ele no Método SCARF são: *Status*, Certeza, Autonomia, Relacionamentos e Justiça (em inglês, *Status*, *Certainty*, *Autonomy*, *Relatedness* and *Fairness*). Quanto mais negligenciamos essas necessidades, ou não as temos atendidas, mais ativamos o nosso sistema límbico:

- *Status*: todo ser humano tem a necessidade de ter a sua posição reconhecida em um grupo social. As pessoas precisam se sentir valorizadas e respeitadas.

- Certeza: É fundamental que as pessoas trabalhem com certo nível de previsibilidade contemplado. Todos nós precisamos de um mínimo de segurança para desempenhar nossos papéis e, quando estamos com o status de certeza afetado, tornamo-nos inseguros, indecisos e trabalhamos na defensiva. As ideias não acontecem, a empresa não inova e cria-se um ambiente de guerra em busca de culpados.
- Autonomia: tem a ver com o direito de fazer escolhas, de ter liberdade para tomar as próprias decisões.
- Relacionamento: a sensação de pertencimento é fundamental para que o indivíduo se sinta integrado a um grupo social. Nós somos seres sociais e só atingimos a plenitude vivendo em sociedade. Ter pessoas ao redor que apoiam e compartilham ideias semelhantes é fundamental para que o colaborador se sinta bem.
- Justiça: essa necessidade é tão poderosa que, quando um indivíduo se sente injustiçado, pode tomar atitudes extremas, com o sistema límbico totalmente no controle. Quando alguém se sente injustiçado ativa sentimentos como raiva e frustração, altamente tóxicos para o ambiente corporativo.

Todo ser humano tem essas cinco necessidades, porém a ordem de importância é diferente para cada um e para cada fase que vivemos.

A consciência desse modelo nos permite avaliar quais dessas necessidades são mais impactantes para nós a cada momento de vida e de carreira. Quando não atendidas, essas necessidades funcionam como verdadeiros gatilhos e ativam o nosso sistema límbico. Ao termos autoconhecimento sobre elas, podemos nos prevenir, antecipar eventuais riscos de comportamentos indesejáveis e agir proativamente. A simples consciência do que nos afeta e a verbalização específica daquilo que estamos sentindo a cada momento são estratégias para retomarmos o controle do neocortex.

Esse conceito é interessante para nos percebermos, para prevermos e controlarmos nossas reações e também para identificarmos o que pode estar afetando nosso interlocutor, quando tem alguma reação exacerbada, límbica, alterada. Assim, podemos escolher ações estratégicas para estabelecermos um bom contato com o outro.

O psicólogo norte-americano Marshall Rosenberg, em seu livro *Comunicação não violenta*, nos ensina que "todo comportamento agressivo é a expressão trágica de uma necessidade não atendida". Quando observamos a reação límbica de alguém, é importante que busquemos compreender qual necessidade dessa pessoa está deixando de ser atendida. Assim, conseguiremos ter ações mais estratégicas e direcionadas para o entendimento mútuo.

A escritora Katiane Vieira traz outras sugestões para usarmos o diálogo interior como aliado:

- Faça uma lista das frases mais habituais de seu crítico interior. Procure escrever do modo como o pensamento vem à mente, sem atenuar ou modificar o jeito como surgiu.
- Escolha inicialmente um ou dois padrões de pensamento para iniciar seu processo de transformação.
- Elabore frases positivas que neutralizem a negativa.

Com isso, será possível perceber que as vozes se alteram dentro de sua mente, tornando-se afirmações positivas.

APAREÇA E CRESÇA

Em uma pesquisa para saber as dificuldades das mulheres no acesso aos cargos de chefia, a executiva Karinna Forlenza entrevistou 200 profissionais. Ela identificou três mecanismos inconscientes que se manifestam com muita frequência.

O primeiro tem a ver com a questão da visibilidade: 95% das mulheres apontaram como um grande desafio serem mais vistas por seus trabalhos dentro das empresas. Existem algumas crenças muito femininas que interferem negativamente nesse aspecto. Por exemplo, é muito comum mulheres pensarem algo como: "Não gosto de jogar conversa

fora, 'puxar o saco', 'bajular'...". Isso dificulta que elas sejam percebidas e lembradas numa eventual concorrência para um cargo mais alto, para uma promoção.

A segunda característica é a dificuldade em comunicar de forma assertiva as competências que têm. Esse comportamento dificulta que sejam notadas. Muitas vezes, elas se cansam e buscam outro emprego, só que carregam o mesmo problema, que vai acabar se manifestando lá também.

A terceira característica é uma espécie de negação do jogo político corporativo. Nesse quesito, de forma especial, as mulheres costumam recuar muito. Comumente, associam política dentro da empresa a "jogo sujo", com ideias como a de "puxar o tapete". Existe uma recusa bem marcante, do tipo "jamais eu vou fazer parte disso", "tenho preguiça de me dedicar a esse jogo político dentro da empresa".

Essa questão de negação diante do jogo político tem muito a ver com o primeiro tópico, da visibilidade. Há que se ponderar que fazer parte do jogo político não significa necessariamente agir sem ética. Unir-se a pessoas que podem ser aliadas no trabalho, estreitar redes, construir pontes são maneiras legítimas de se relacionar com colegas.

> "Num determinado ponto, eu decidi que não ia entrar em mais nenhuma reunião sem falar. Pode parecer bobagem, mas eu falei: 'eu não vou entrar e sair de boca calada'. Percebi que, muitas vezes, a tendência de nós, mulheres, é de ficarmos mais como ouvintes ou com a pior parte da reunião. 'Ah, a Glau anota'. 'Eu não tenho caneta, não tenho papel. Anota você'. A gente, sem perceber, vai assumindo algumas coisas que não deve. Pode parecer uma coisa muito simples, mas isso faz uma diferença muito grande, porque quem não é visto não é notado. É uma forma de você começar a participar dos processos. Obviamente, nos primeiros você desafina, mas depois vai se inteirando do assunto, lê um pouco mais, dá uma ideia, alguém gosta e a coisa vai tomando corpo."
>
> **Glaucimar Peticov**

No livro *Mulheres na liderança*, Lucelena Ferreira cita uma série de estudos sobre esse tema. Hoje não se discute mais a importância de um bom *networking* no mundo do trabalho. Para 77% das mulheres, no entanto, o mais importante é colocar o foco no que fazem. Já para 83% dos homens, o importante é quem você conhece, com quem se relaciona. Essa percepção dá a eles uma vantagem competitiva relevante.

De modo geral, a qualidade das relações costuma ser mais importante para as mulheres, não a quantidade. Já os homens tendem a ter mais relações superficiais, um grupo maior de "conhecidos", para eles considerados "amigos". Claro que investir mais em relações profundas é mais prazeroso e autêntico. Porém, homens têm muito mais chances de serem lembrados para indicações e oportunidades, já que seus círculos de contatos costumam ser maiores.

Nas relações, o objetivo das mulheres costuma ser sensibilizar e criar conexão. Para isso, buscam a fala objetiva, o brilho nos olhos, o entusiasmo e a escuta ativa, características que nos diferenciam.

Mulheres têm também menos modelos à sua disposição, já que nossa representatividade é menor. Assim, conselhos e orientações técnicos e/ou de carreira nos chegam muitas vezes pelos homens, certamente com muitos vieses.

A busca pelo desenvolvimento de competências socioemocionais e pelo autoconhecimento é maior nas mulheres. Três situações tendem a nos desestabilizar mais: o assédio, a discriminação e o desrespeito. Por isso, a necessidade de desenvolvermos habilidades sociais e emocionais é ainda mais relevante.

"[Houve] um projeto em que eu tinha trabalhado dias e, na hora de apresentar, foi cortado, sem que eu pudesse explicá-lo. Ficou claro para mim que existiam alguns componentes que iam muito além do técnico. Eu desenvolvia outras estratégias, na forma de apresentar, de falar ou de mandar um e-mail. Até que eu percebi que a relação poderia acontecer antes da sala de apresentação. Dá mais trabalho, mas, por muitas vezes, antes de apresentar a algum comitê, eu falava com cada componente individualmente. 'O que você acha? Está no linguajar correto?'. Eu pegava informação de todo mundo e seguia. Eu não queria a derrota, então, 'o que eu preciso fazer para atender o que esses clientes querem?'. Eu não lembro de ter vencido alguma situação no bate-boca, não sou uma pessoa de conflito. Isso de querer bater boca ou usar crachá é muito antigo. Criar um clima mais ameno para um assunto importante para todos foi uma alternativa que me atendeu muito. Comecei a ter mais vitórias do que derrotas. E, conforme eu ia conversando com as pessoas antes, na maioria dos processos, a minha ideia era alterada, existiam algumas colaborações, alguns questionamentos que me convidavam a revisitar aquele ponto. Para isso, eu tive de desenvolver um lado de humildade, porque era como se eu estivesse pedindo toda hora 'me orienta, eu preciso de você'."

Glaucimar Peticov

Há outro aspecto decisivo nessa busca por evolução: a necessidade de exercitarmos o "autoperdão". Quando buscamos o autoconhecimento, identificamos nossos pontos fortes, que devem ser exercidos. Também devemos identificar os nossos erros e pontos de melhoria. Às vezes, essa consciência sobre as falhas nos deixa com sensação de culpa e arrependimento. Por isso, a prática do "autoperdão" é fundamental.

Existem pessoas que não se conformam por terem cometido um erro ou que se arrependem por terem feito ou deixado de fazer alguma coisa. Muitas vezes, nos autossabotamos e ficamos ruminando esses sentimentos. Cada vez nos fechamos mais para o mundo, e isso faz mal a nós e aos nossos relacionamentos.

Dependendo de como nos percebemos, esse diálogo interno pode nos prejudicar. Quanto mais insegura for a pessoa, qualquer situação pode servir de gatilho. "Está vendo? Você errou de novo, olha que absurdo. Você não serve para isso. Como você é ruim."

No sentido inverso, se entendermos que, além de nos preocuparmos com a comunicação para o meio externo, compreendermos que essa comunicação interna também passa pela nossa vontade, pela nossa consciência, e traz fortes consequências, passamos a cuidar melhor desse diálogo com nós mesmas.

O primeiro ponto é aceitarmos que somos seres imperfeitos. Isso pressupõe um exercício de humildade, de entender que vamos errar. A busca é tornar essa aceitação uma virtude proativa.

A cada situação, é necessário procurar entender o que aconteceu e tomar como um aprendizado. "Eu tive uma determinada atitude. Isso fez mal para mim? Fez mal para o outro? O que eu posso fazer diferente para evitar que se repita?". Vale a pena investirmos nesse solilóquio, buscando entender as razões que nos levaram àquela atitude. Se tiver resultado em prejuízo a alguém, devemos fazer algum tipo de reparação, por meio de ações que acolham o outro.

Quando conseguimos transformar sofrimento em aprendizado, nos preparamos para lidar com situações semelhantes no futuro e, consequentemente, melhoramos como seres humanos.

Ricardo Piovan, autor do livro *Resiliência: como superar pressões e adversidades no trabalho*, faz uma analogia entre resiliência e resistência. Ele compara a primeira à imagem de um bambu, que é flexível, enfrenta a adversidade, tem tolerância a mudanças e autocontrole. Já para a resistência ele evoca a imagem da árvore, que é rígida, recusa mudanças, e, por isso, tomba diante de adversidades.

Ele descreve três tipos de resiliência:

1. **Resiliência submissa**: é a que leva à típica atitude de vítima; é passiva, atribui o que ocorre ao destino ou a algo maior, aceita as adversidades como fatos e lastima. Esse tipo é útil quando a realidade se impõe, sem que tenhamos autonomia para modificá-la (por exemplo, morte de alguém).
2. **Resiliência reativa:** representa a atitude de culpabilizar o outro; não aceita as adversidades e revolta-se, nega-se a desenvolver-se. Esta é útil quando identifica o erro e ajuda a não repetir.
3. **Resiliência proativa:** é a atitude de protagonista. Há o enfrentamento da situação e o investimento de energia para a solução; transforma dificuldade em oportunidade de aprendizagem, os problemas levam ao fortalecimento da pessoa e favorecem a mentalidade de crescimento. Essa deve ser a nossa meta, a busca para a desenvolvermos como objetivo de autodesenvolvimento. Trata-se da melhor maneira de lidarmos com as adversidades, sempre!

Desenvolver a resiliência proativa contribui para a nossa evolução e crescimento.

MUITO A PERCORRER

Ainda que sinais de avanços surjam aqui e ali, é impossível negar a existência do machismo e os impactos de uma sociedade patriarcal na trajetória profissional das mulheres.

Falar sobre o assunto, em vez de ignorar o problema, é imprescindível para avançar em uma luta que é de todos. Afinal, o machismo afeta negativamente não apenas as mulheres, mas também os homens e as empresas. Várias de nossas entrevistadas relataram que só se deram conta de situações discriminatórias depois de terem passado por alguns episódios.

"Eu, por muitos anos, não conseguia perceber – acho que isso me ajudou – que tinha uma diferença em ser homem ou mulher. Eu usava saia e vestido do jeito que eu gostava, falava o que pensava, se tivesse que servir o cafezinho ali, eu servia. Por muito tempo era mais nova, a única mulher e, muitas vezes, a mais júnior também. Eu não tinha nenhum problema em me posicionar. Aos poucos, ao subir na carreira, fui percebendo que alguns comentários meus realmente incomodavam. Quando eu chegava, a dinâmica da sala mudava. Quando diziam uma palavra que, às vezes nem é palavrão, mas uma palavra menos fina, eles me pediam desculpas. Aquilo era um viés inconsciente. Não era preconceito explícito, intencional. Aí está a dificuldade, porque os homens não conseguem ver o viés, porque falam 'eu não sou preconceituoso'. Não é aquele preconceito 'olha, se for mulher, eu não aceito aqui'. Sempre o discurso é 'acredito na meritocracia'. Fui entendendo essas sutilezas e vendo que o machismo tinha de ser colocado na mesa mais explicitamente, que as empresas precisavam ter iniciativas mais afirmativas, que o fluxo natural não ia levar mais mulheres e que tinha que mudar a liderança. Porque o centro de decisão estava naquela liderança."

Susana Fagundes

"Numa empresa, que prefiro não dizer qual, eu era a única mulher na reunião de diretoria. E o chefe na época disse: 'Eu não vou falar palavrão porque a Rose está na mesa'. Eu pontuava: 'Você pode falar o palavrão que quiser, porque não significa que está falando para mim'. Eu não tenho que mudar o comportamento do outro porque estou na mesa. Ele não deveria falar porque no ambiente de trabalho não se deve falar. Agora, se entre os homens, eles falam e o fato de eu estar na mesa os inibe, está errado. Para mim, eu sou mais uma profissional dentro da equipe. Em momentos mais recentes, já não se vê isso, é uma coisa muito mais fluida. Às vezes, você se depara com movimentos contrários, reunião que tem dois homens e cinco mulheres."

Rose del Col

"Eu me lembro que nas primeiras semanas [depois de eleita] havia questionamentos que beiravam o ridículo. 'O seu Amaral é da empresa tal?' E eu: 'Não sei quem são essas pessoas, mas o meu Amaral é do interior da Bahia'. Vários questionamentos se eu era casada. Se eu era filha de alguém importante. Era meio escancarado. Não entendiam como eu tinha chegado lá. E a cartada final era: 'Ah, você é de redes sociais'.

Eu tive muito mais votos do que o número de seguidores que eu tinha. Não era uma blogueira, não era uma *influencer* digital. Esse foi um choque para mim, porque é algo estranho, algo incômodo."

Tabata Amaral

"Quando comecei a trabalhar com comunicação de ciência foi que me caiu a ficha do machismo. Principalmente quando você coloca a cara na TV e vê os comentários dirigidos a você, comparados com os dirigidos aos seus colegas homens. É de chorar de rir. Eu brinco com os meus colegas homens: 'Alguém já reclamou que vocês são bravos, agressivos, loucos, histéricos ou que a barba está por fazer?'. Eu já fui chamada de tudo isso e ainda acusada de não fazer a sobrancelha. Se for olhar isso de um ponto de vista sociológico, os desqualificadores de mulher são diferentes do homem. Meus amigos também são xingados quando falam na TV. Só que são xingados de 'filho da puta', de 'vendido para a indústria farmacêutica'. Os xingamentos são diferentes. Não é 'louco', 'bravo', 'histérico', 'agressivo'. Até para desqualificar tem machismo.

O que me incomoda muito é o 'brava'. É o que eu mais escuto, 'ai, como essa mulher é brava'. Alguém já escutou 'ai, como esse homem é bravo'? Não existe isso para homem. E, às vezes, esse 'bravo' vem acompanhado de uma diminuição, que é pior ainda: 'Ah, ela é brava, mas é fofa', 'acho uma graça quando ela fica brava'. Que é o desqualificador que se faz com as meninas, desde que são pequenas. 'Tá bravinha? Ah, que bonitinha.' Primeiro, porque diz que mulher não deve ficar brava, que é feio. Segundo, que ela não tem razão. Como se dissesse a ela, desde pequena, que a indignação dela não é devida, que é bonitinha, mas ela não tem razão. Acho perigoso isso, infantiliza a mulher."

Natalia Pasternak, microbiologista, presidente do Instituto Questão de Ciência

Não existe fórmula, um jeito certo ou errado para lidar como machismo, porque ele aparece de formas muito diferentes em cada trajetória. E obviamente não se pode colocar o peso de situações discriminatórias nas costas de quem já sofre o ônus da desigualdade. Seria penalizar duplamente essas mulheres. Diferentes líderes vêm desenvolvendo estratégias diversas, que podem ser inspiradoras.

Nos últimos anos, ficou claro que não basta não ser machista nem racista. É preciso combater de forma ativa essas concepções discriminatórias tão estruturais na nossa sociedade. Como começar? Necessariamente, tomando consciência do problema. Além disso, é preciso rever ideias ultrapassadas, mas que ainda encontram espaço em muitos discursos, como a meritocracia:

"O reconhecimento da realidade racista, que impede que as pessoas alcancem postos, já é um grande passo para uma mudança. E entender que a nossa comunidade não teve condições para que a maioria dos seus membros dessem certo. Então, exigir meritocracia é absurdo. É dar apoio e a gente vai selecionar os melhores talentos, que são talentos que trazem uma visão, muitas vezes, fora da bolha. Toda empresa precisa de visões que não são as visões de todo mundo que vive no mesmo nível, na mesma cultura. Precisa ter o variado. Quando você bota um olhar diferente, coisas diferentes surgem, e boas, muitas vezes.
Não é possível só ver negros como segurança ou câmeras de TV e poucos na bancada, poucos na chefia. E criar condições é essencial. Eu insisto nisso. O mérito é fundamental, eu estou lá por mérito. Só que o meu mérito não pode ser comparado. Eu não posso exigir que uma menina negra, que saiu da favela, se compare comigo, que saí de uma família de classe média baixa e tive um mínimo de condição, com pais que são professores, que vivi num ambiente cultural diferente. Eu tive um mínimo para poder seguir, então, eu não posso falar de meritocracia para ela. Por isso, a sociedade, as empresas, os governos têm de criar meios para essas pessoas chegarem na corrida aqui mais perto do ponto de partida de outro."

Maju Coutinho, jornalista e apresentadora da TV Globo

"Para a gente acabar com o privilégio, os privilegiados têm de abrir mão de alguma coisa. Não é só trazer os desprivilegiados para perto. No Brasil, a gente ainda tem discussões muito surreais, de pessoas que se escondem através da meritocracia para dizer que não há mulheres preparadas, que não há talentos disponíveis, para dizer que é questão de tempo, que vai acontecer. Mas são pessoas que fazem parte de um grupo muito homogêneo, que têm muito receio de perder o seu espaço cativo. Antes da pandemia, um consultor que eu nem conhecia muito bem, me chamou para um café, 'estou pensando em fazer uma migração de consultoria para conselhos'. Aí contei um pouco da minha experiência e ele falou: 'Pois é, Claudia, mas para você está mais fácil agora, porque todo mundo quer mulher. O que as pessoas me dizem é que está muito mais difícil para um homem branco, hétero, de mais de 50 anos conseguir uma posição em conselho'. Falei: 'É mesmo? Vou te dar o telefone de uma amiga minha, negra, lésbica e você pergunta a ela se está fácil. Porque até agora eu não achei nenhuma em nenhum conselho que eu fui'. Essa coisa de 'antes esse era o meu lugar, agora tem concorrência'. E a concorrência é pesada, porque as mulheres são preparadas, trabalham duro. No Brasil, nos dois conselhos em que estou, sou a única mulher. Nos de fora, sou uma de 30%. Essa coisa de 'não precisa de cota, não precisa de lei' alguém ainda vai me mostrar um país que chegou lá sem cota, sem lei, aí eu vou parar de falar."

Claudia Sender

Investir na nossa formação, buscar o autoconhecimento e a autoconsciência, nos dedicar ao aperfeiçoamento pessoal, dar conta das inúmeras demandas, dentro e fora da empresa... Ufa! Trata-se de uma missão já extremamente desafiadora! Imagine ainda ter que lidar com esses vieses, com os preconceitos, com a necessidade de provarmos o nosso valor a todo instante. Realmente, há que se ter coragem.

Em seu livro *A coragem para liderar*, Brené Brown chama a atenção para o tanto que precisamos desenvolver esse atributo para atingirmos os nossos objetivos. O livro fala de liderança de maneira geral, mas faz referência a várias situações vivenciadas por ela, uma mulher, nesse processo de desenvolvimento. Em uma de suas histórias, percebemos como é importante olharmos para as nossas relações e sabermos separar os sentimentos e as emoções que são nossos dos dos outros. Muitas vezes o nosso julgamento, a nossa impressão sobre uma conversa ou um comportamento do outro pode sofrer a influência do nosso próprio viés de culpa, de nos acharmos devedoras nas diferentes responsabilidades que nos cabem, em todas as áreas, e nem sempre isso condiz com a realidade. Nesse processo, devemos ser proativas e assumirmos para nós o protagonismo de nossa vida e de nossa carreira. Ela afirma que "quando temos coragem de entrar na nossa própria história e reconhecê-la, temos a oportunidade de escrever o final. E, quando não reconhecemos nossas histórias de fracasso, percalços e sofrimento, elas é que mandam em nós". Assim, darmos atenção à forma como nos comunicamos com nós mesmas e a uma comunicação efetiva e afetiva com o outro, sem pré-conceitos, nos ajuda a termos clareza e a evitarmos mal-entendidos.

Concluindo, Karin Jironet, em seu livro *Liderança feminina*, afirma que "o significado da liderança feminina é interpretado como o que a mulher faz quando assume o controle de si mesma, faz escolhas a respeito de como agir, e toma suas próprias decisões com relação à direção e ao propósito dessas ações".

Com coragem e muito amor no coração!

O DESAFIO DA REPRESENTATIVIDADE

Se houve um tema unânime para praticamente todas as nossas líderes entrevistadas, este foi a importância e o desafio da representatividade.

Somos movidas para nossos objetivos levando em conta as nossas referências, aquelas pessoas com as quais nos identificamos e por meio das quais nos sentimos representadas. A representatividade feminina alimenta o nosso bem-estar e a nossa autoestima. Por meio dela, percebemos que é possível, que também somos capazes de estarmos naquele mesmo lugar, o que abastece positivamente a nossa crença e nos dá estímulo.

"Meninas que estão na escola, garotas que estão na faculdade e mulheres que estão batalhando por suas carreiras precisam se sentir representadas. Precisam sentir que é possível estar no palco, no púlpito, no local de destaque. Sem representatividade não há avanço". Essa é a pontuação feita pela advogada Ruth Manus, em seu *Guia prático antimachismo*, para explicar por que a representatividade é fundamental.

Isso vale para todas as áreas. Na política, se sentir representada, pode mudar a vida das mulheres dos segmentos mais diversos.

> "Na hora em que uma mulher ocupa o seu lugar na política, ela influencia todas as outras carreiras. Ela realmente levanta a barra, então, teríamos mais engenheiras, mais dentistas, mais médicas, mais escritoras, mais tudo o que temos hoje na sociedade."
>
> **Tabata Amaral**

A parlamentar ressalta a necessidade de mecanismos que assegurem a presença de mulheres na política.

"Nós precisamos também de uma política efetiva de combate à violência política de gênero. A Bolívia é o único país da América Latina que tem uma legislação específica para isso. E, em um país em que tivemos políticas como Ceci Cunha e Marielle Franco assassinadas, esse é um tema para o Congresso. Eu sou grande entusiasta de cotas em cadeira no parlamento e venho estudando a experiência em vários países, da Europa, da África, da Ásia. O maior exemplo é o de Ruanda, onde a cota de um terço há muito tempo deixou de ser necessária. De cada dez parlamentares, seis são mulheres. Uma contribuição incrível para a reconstrução do país."

Tabata Amaral

A representatividade ganha uma camada de importância adicional quando se trata de mulheres negras em posição de destaque. A jornalista **Maju Coutinho** comenta a importância que as referências exerceram no começo de sua carreira:

> "Havia algumas mulheres, não tem como eu dissociar da questão da negritude. A Glória Maria era uma referência, porque eu me via, e era muito difícil de se ver, e a Dulcineia [Novaes], de Curitiba. Eram pouquíssimas aqui no Brasil. Depois, na época de faculdade, eu via muito a Oprah [Winfrey], que era uma referência de comunicadora, e ficou muito na minha cabeça. Essas mulheres marcaram por essa questão de raça. Também tinha a Sônia Bridi, que eu acompanhava. Quando eu fui assistir ao show do Michael Jackson, no Morumbi, a Ananda Apple estava fazendo uma reportagem lá, aquilo me fascinava. Mas a Glória, a Dulcineia, a Oprah foram mulheres muito marcantes."

A jornalista destaca que a presença significativa de mulheres nas redações por onde passou restringiu a ocorrência de manifestações discriminatórias.

> "Eu não senti isso. É incrível. Eu acho que é por isso que na faculdade tem muita mulher, nas redações, na Globo tem várias mulheres em cargos de chefia. Minhas chefes de redação, pelo menos aqui em São Paulo, são todas mulheres. Eu não tive essa percepção no jornalismo. Para mim, acho que foi uma abertura de portas. Não senti isso mesmo."

Em outras áreas, no entanto, a presença feminina se mostra bem mais rarefeita, como conta a executiva **Ana Carla Abrão**, que no início dos anos 2000, atuava na área de spread bancário, que é a diferença entre a taxa de captação dos bancos e o que eles cobram em empréstimos, em que não havia uma mulher sequer.

"Não só não havia outras moças no *spread*, como não havia outras moças nem em outras áreas. No setor bancário que estudava e trabalhava com o setor financeiro, especificamente mercado de crédito, eu era uma das poucas mulheres. No Banco Central, eu trabalhava no departamento de pesquisa, recém-criado, mas ali até que havia mais uma ou duas mulheres e talvez oito homens. No mestrado, na Fundação Getúlio Vargas, numa turma de 20, éramos quatro mulheres. Em toda a minha trajetória como economista, eu sempre fui uma das poucas mulheres na minha geração. Até hoje somos poucas nessa área."

Ana Carla Abrão, líder do escritório da consultoria de gestão Oliver Wyman no Brasil

Ela diz que a situação permaneceu quando assumiu o cargo de economista-chefe na Tendências Consultoria e depois no banco Itaú, onde trabalhou por cerca de oito anos.

"O Itaú foi a minha grande escola dentro do setor bancário e minha trajetória foi de ascensão, de liderança. Foi o período em que eu mais convivi com homens, porque fui para uma área de controle de risco, que não é das áreas tradicionalmente ocupadas por mulheres nos bancos, que são as áreas de RH, jurídica, de marketing. Na área de controle de risco, era uma posição de liderança e, mais que isso, uma posição em que normalmente você é a pessoa a dizer 'não'. Então, eu já fui para uma área que exigia um posicionamento mais identificado com homens do que com mulheres. Foi uma grande escola. Em 90% das vezes era a única mulher na reunião. Depois, outra diretora também assumiu na área de risco. Hoje, quando olho para trás, vejo traços de preconceito, de dificuldade que eu sofri ao longo desse período. Naquele momento, não tinha consciência disso."

Mesmo com histórias de quebra de barreiras em sua trajetória, **Ana Carla** coleciona também episódios de machismo, alguns mais recentes, quando voltou à iniciativa privada. Como o descrito a seguir, quando era *market leader* da Oliver Wyman:

> "Várias vezes, quando ia a um cliente que não me conhecia – hoje é mais difícil, porque acabei tendo mais exposição – sentávamos eu e meu sócio e a pessoa nem olhava para mim. Às vezes, eu ia com uma pessoa subordinada a mim e sempre a conversa partia ou estava sempre vinculada ao homem que estava ao meu lado. Nas outras situações de liderança que vivi, as pessoas vinham até mim. Nessa, eu vou até elas. Houve situações em que a gente trocava de lugar para ver se a pessoa passava a olhar para mim e não para o homem ao meu lado. E a pessoa virava a cadeira. O preconceito, consciente e inconsciente, fica muito claro quando você não está numa posição de liderança com visibilidade."
>
> **Ana Carla Abrão**

No campo da política parlamentar, a atuação feminina vem sendo mais proeminente com o passar do tempo, como enfatiza **Tabata Amaral**:

> "Muitas mulheres tiveram de lutar para que nós pudéssemos votar e sermos eleitas, 90 anos atrás não podíamos. E quando pudemos, era com várias restrições e autorizações dos maridos. Essa conquista já começou faz algum tempo, então, essa não é mais uma luta solitária. Não é mais como víamos na Constituinte, um punhadinho de mulheres lutando para serem ouvidas."

A executiva **Claudia Sender** conta que já serviu de inspiração para jovens profissionais seguirem na carreira:

> "Certa vez, recebi um e-mail de uma estudante da Poli (USP), que falava: 'Sou estudante de Engenharia, estava para largar o curso, porque achava que não tinha futuro para mim na área e hoje vejo aonde você chegou'. Isso me arrepia até hoje."

Outros ambientes também atestam a chegada gradual de mulheres aos cargos de liderança. Assim observa a executiva **Glaucimar Peticov**:

> "De quando eu entrei para hoje, a situação é muito diferente. Hoje o Bradesco tem 52% de mulheres. O número de gerentes mulheres é muito grande. Ocorre que a gente tem um funil que está tentando ver quais são as síndromes do impostor que estão atuando, para conseguir fazer com que a migração para os cargos maiores aconteça. Por exemplo, aqui na executiva, nós somos duas para 26. O número de diretoras e de superintendentes também é menor. Daí a importância desse exemplo para que as mulheres possam realmente se fortalecer e buscar alternativas."

No cotidiano das empresas, cabe a pergunta: as mulheres se ajudam nessa busca por postos mais altos na carreira?

Claudia Sender relata experiências com desdobramentos bem diversos:

> "Eu já vi de tudo. Tive gestores homens que acreditaram em mim e tive uma gestora mulher, que me deu muita oportunidade de crescer. Quando assumi a presidência da TAM, chamei as mulheres de nível de diretoria para cima e falei: 'Eu quero uma matriz de talentos mulheres, ou seja, um grupo de mulheres preparadas para os desafios da liderança. Vamos montar um programa de mentoria, quero entender o que está limitando o crescimento...'. E uma diretora, excelente profissional, disse: 'Ninguém fez isso por mim, por que vou fazer para outras?'."

Em sua trajetória profissional, a advogada **Valéria Reani** conta que potenciais parcerias não foram estabelecidas devido à competição entre as próprias mulheres.

> "A disputa entre as mulheres é muito grande também e isso dificulta um equilíbrio. Na minha área, por exemplo, existem várias mulheres com quem eu não consegui fazer uma parceria de trabalho, porque essa mulher se acha melhor do que eu ou melhor do que a outra. Isso é próprio da competição que a mulher tem na vida, e que, infelizmente, na minha área, ainda é muito perceptível. Isso dificulta a nossa ascensão, as nossas conquistas."

Quanto mais mulheres chegarem ao topo, mais referências haverá para que outras se sintam incentivadas a dar saltos mais altos. Um exemplo vem da rede social Twitter, com a *hashtag* #elameinspira. São mulheres que falam de outras mulheres que as inspiram. Esse não é um comportamento muito frequente entre os homens. Esse modo coletivo, de pensar em outras mulheres que inspiram, tem tudo a ver com a ideia de dar valor ao outro, demonstrar o tanto que o outro melhora a nossa vida, nos ensina algo proveitoso. E claro que isso acaba também se refletindo em cada uma de nós.

ILUSÃO MULTITAREFA

Mulheres são famosas por sempre "darem um jeito" em tudo. E é claro que, para isso, sempre nos sobrecarregamos. Afora o fato de que o mundo está bastante acelerado e as pessoas estão o tempo todo ligadas nos 220 volts.

Culturalmente, a mulher assume mais responsabilidades. Fazemos várias coisas ao mesmo tempo. Nós tínhamos uma ilusão, até alguns anos atrás, de que éramos multitarefa, a pessoa que consegue fazer mais de uma coisa ao mesmo tempo, todas com qualidade. Hoje sabemos que isso é inviável, até pelo bom funcionamento do nosso cérebro. Não é possível manter a atenção plena

em mais de uma coisa ao mesmo tempo. O que acontece é uma atenção dividida, alternada.

Imagine uma pessoa falando com outra e, de repente, o celular vibra. Ela bate o olho para ver se é algo urgente e, naqueles segundos, deixa de prestar atenção no que estava sendo dito. Até escuta, mas não processa a informação, porque o cérebro não permite tal desempenho. Portanto, se alguém não está atento ao interlocutor, corre risco de perder o fio da meada, de não pegar alguma informação e deixar de encadear os pensamentos.

E o mundo em que vivemos nos rouba muito essa capacidade. A nossa mente funciona como um pêndulo, vai lá para o passado e para o futuro. Diante de um compromisso de trabalho, por exemplo, quando o pêndulo vai para o passado, pensamos "deveria ter me preparado melhor", "deveria ter lido melhor para falar sobre esse tema". Nutrimos sentimentos de culpa e de arrependimento. Quando o pêndulo vai para o futuro, a mente projeta: "Saindo daqui eu tenho que fazer tal coisa", "não posso deixar de falar com tal pessoa". Esse movimento traz sentimentos de estresse, de ansiedade. Ambos são lugares desconfortáveis.

A busca deve ser pelo estado de presença. O momento presente é o único em que podemos estar e nos dedicar a fazer bem o que temos de fazer. Temos que buscar foco, concentração naquilo que fazemos. Pesquisadores dizem que se trata de treino. Ao nos concentrar, colocamos foco em algo, eliminando ruídos e preocupações externas.

Em termos práticos, fazer uma lista de tarefas pode ajudar. Tirar da cabeça e colocar as obrigações no papel, "eu vou fazer isso, isso e isso", é uma forma de terceirizar a memória.

Outro recurso que pode ajudar a nos conectarmos com o presente é a respiração. Parar e pensar: "Espera, eu estou aqui com você", inspirar e expirar profundamente uma, duas vezes, ajuda a oxigenar o cérebro e a direciono o foco para o interlocutor.

Esse é um hábito que deve ser cultivado, especialmente num mundo que vive plugado e com estímulos vindos de toda parte.

Em um de seus treinamentos sobre foco e comunicação, o guru americano Tony Robbins sugere que nos façamos três perguntas:

1. Onde está o meu foco?

Se está fazendo várias coisas ao mesmo tempo, vai gerar angústia. É preciso escolher, direcionar a nossa atenção. O foco nos traz determinado sentimento, de acordo com o que escolho considerar; onde está o meu pensamento mora a minha emoção. Será que o meu foco está no que eu tenho ou no que me falta? Se está no que eu tenho, vivencio a gratidão. Esse estado emocional traz equilíbrio e felicidade. Quando foco no que me falta, na escassez, vivencio o sofrimento e a insatisfação. Focar no que falta só vale a pena quando nos organizarmos proativamente para um novo objetivo.

O foco está no que eu posso controlar ou naquilo sobre o qual não tenho controle? Se for a segunda opção, pode gerar tristeza, raiva e frustração.

O foco está no passado, presente ou futuro? Excesso de passado gera depressão, excesso de futuro gera ansiedade. O lugar mais seguro é o presente. Lembre-se do ensinamento da psicóloga Amy Cuddy sobre o poder da presença e o exercite.

2. O que significa o que está acontecendo comigo agora?

Estou sendo transformada positivamente ou isso me deixa mal? Posso ver esse momento como uma dádiva? Consigo ver valor ou oportunidade de crescimento, de aprendizagem nessa situação? Essa percepção nos torna mais receptivas aos ganhos que toda experiência é capaz de trazer.

3. O que eu faço com essa experiência?

Como reajo ao que me acontece? De forma consciente, qual comportamento eu elejo diante da cada circunstância? Somos responsáveis pela nossa qualidade de vida, e isso inclui a nossa forma de nos comunicar com o mundo.

Quando nos mantemos focadas e atentas ao que nos acontece, conseguimos fazer escolhas e alternamos a nossa atenção para o que é mais urgente, relevante, prioritário ou verdadeiramente importante para nós.

Não bastassem as múltiplas demandas do mundo do trabalho, as mulheres ainda encaram o desafio de administrar questões da vida familiar. E, na existência de um companheiro ou companheira, é necessário estabelecer combinados, a fim de reduzir a sobrecarga que resulta desse transitar entre casa e trabalho.

A diretora jurídica **Susana Fagundes** conta que um *insight* gerado por um momento de cansaço alterou o enquadramento pelo qual encarava a divisão de tarefas:

> "Há uma série de medidas que as empresas podem impulsionar para que mude um pouco o peso do papel da mulher na sociedade. Não adianta eu ter iguais condições de trabalho, mas chegar em casa e ter uma terceira e uma quarta jornadas. Eu não aguento acordar no outro dia com a mesma disposição. Existem várias empresas estimulando que o homem assuma um papel mais protagonista também na vida familiar. A mulher mesmo tem mania de falar 'meu marido me ajuda'. Eu falo: 'Mas o filho é só seu? Ele está te fazendo um favor? Não. É dele também'. Eu mesma falava 'meu marido me ajuda'. Quando tive filho, mexeu na minha rotina e, em um momento, eu falei para o meu marido: 'Nossa, estou ficando muito cansada'. E ele fazia tudo que eu pedia. Aí me deu o clique: 'Mas eu não tinha que estar pedindo'. Todo dia tem de levar na escola, buscar na escola, fazer isso, fazer... Vamos dividir algumas funções. Não é que tem que ser 50-50%. De acordo com a flexibilidade de cada pessoa, vamos dividir mais ou menos os papéis. Não é uma conversa sempre fácil, não é todo homem que aceita."

Ela chama a atenção também para os combinados com as empresas para manejar as inevitáveis renúncias, se o contexto permitir:

> "Você tem que trabalhar muito, conversar muito e ter muito apoio de seu marido. Quando a minha filha andou, eu estava em Trinidade e Tobago. Fiquei arrasada, porque eu não vi primeiro passo dela. Há mulheres que relatam que no aniversário do filho estavam viajando a trabalho, o que é uma coisa pesada. Você tem que realmente medir. Primeiro, trabalhar a culpa, porque a mãe parece que nasce com a culpa, né? Depois, colocar alguns limites. Em algumas profissões não tem jeito, você vai ter que viajar todo dia, é mais complicado. Mas, em outras, talvez você possa manejar a viagem, ter um mínimo de flexibilidade para não cair na comemoração do aniversário do filho. É importante a gente ter essa fala. É muito lenta a mudança."

Outro aspecto destacado por **Susana** é que a criação conferida a meninos e meninas pode determinar a qualidade das futuras relações:

> "Eu brinco muito, porque amigos meus falam: 'Vou educar a minha filha para ser independente, para fazer o que ela quiser'. Ótimo. Mas e o filho? Vai continuar educando para querer uma princesa em casa, que vai ser impecável, linda, que vai deixar a casa linda? Não vai existir mais casal, né? Tem de ensinar também que é parte da vida dele e, muitas vezes, é pelo exemplo, que ainda não existe. Os homens não têm essa consciência porque, na maioria das vezes, estão na posição de conforto. A gente precisa se educar para conseguir entender efetivamente. Senão, fica 'não tenho preconceito', 'ah, bobagem, mulher tem o mesmo direito' e chega em casa e não tem."

Para a executiva **Ana Carla Abrão**, a convicção do que se faz é o antídoto para os inevitáveis dilemas de quem precisa conciliar demandas pessoais e profissionais:

> "Em todos os momentos em que fui testada, reafirmei a minha escolha. É por isso que estar convicta é tão importante. Chorar no banheiro faz parte. Botar a cabeça no travesseiro e pensar 'É isso mesmo que eu quero? Não estou me sacrificando demais?', tudo isso faz parte. As pessoas falam que convivi pouco com os meus filhos. Não. Eu convivi muito mais com eles do que os meus pais conviveram comigo. Porque, nos momentos em que eu estava com eles, eu estava com eles. Eles me entendem e me valorizam da forma como sou. Se eu ficasse em casa o dia inteiro, provavelmente eles me veriam de uma forma diferente. Esse é o ponto: você entender que as dificuldades fazem parte do processo. Não é fácil, nunca será. Tem uma pedra no caminho e você vai tropeçar. Tem de levantar e entender que é esse o caminho que você quer. E, se não for, muda."

Em seu livro *Faça acontecer*, Sheryl Sandberg chama a atenção para a importância de buscarmos um parceiro de vida que nos apoie e de termos líderes em nossa trajetória que sejam mobilizados a dar suporte ao nosso desenvolvimento.

De maneira geral, as mulheres são cobradas e também se colocam em situações de dupla jornada, buscando ser multitarefas. Provavelmente, esse comportamento se dá na medida em que elas se sentem mais cobradas, desde cedo.

Os estímulos emitidos e recebidos na infância podem ter reflexos decisivos na vida profissional. É o que mostra uma pesquisa da qual participou a consultora **Betania Tanure**. Ela conta que um dado comum é crianças desafiadas e incentivadas tendem a se desenvolverem bem profissionalmente:

> "Fizemos uma pesquisa de liderança, com um grupo de Stanford, com cem CEOs brasileiros, homens e mulheres. Em 98%, o traço comum era uma infância recheada de desafios. Alguns muito pobres, outros mudavam de cidade, outros os pais desafiavam, enfim, cada um com a sua história. Isso é algo que a minha geração, que agora está em posições profissionais com alguma relevância, precisa ficar atenta, porque os pais hoje dão poucos desafios para os filhos."

Muito antes de aferir o resultado da pesquisa, esse dado já fazia sentido para Betania, que conta ter sido desafiada pelos pais na infância:

> "Eu não recebia nada de graça. O meu pai tinha uma condição financeira muito boa, e eu era louca por uma bicicleta vermelha. Ele falava: 'Não posso te dar essa bicicleta. Só no Natal'. É claro que ele podia me dar a bicicleta. Dez bicicletas. Mas era uma maneira de as coisas não caírem no colo, de graça. Hoje a meninada está sem desejo, porque tem tudo disponível demais, o que é um risco do ponto de vista de formação de lideranças futuras. O imediatismo, o esforço que a pessoa está disposta a empreender para chegar aonde ela quer."

Diretora-executiva do Bradesco, **Glaucimar Peticov** compartilha experiência similar:

> "Meu pai e minha mãe já exercitavam protagonismo e propósito, e sempre estimulavam que eu decidisse as coisas. Eu tenho enfatizado a importância de como estamos criando as nossas crianças. Qual é o papel restritivo que passamos para elas, qual é a facilidade que está sendo gerada, a ponto de inibir a capacidade de decisão, de opção, até mesmo na roupa, no tênis que compra. É importante termos um início de vida gerador de algumas crenças e de alguns valores."

Claudia Sender conta que foi a partir de uma condição estabelecida pelo pai que descobriu o verdadeiro sentido da liderança:

> "Quando eu fui fazer faculdade, o meu sonho era conhecer o mundo. O meu pai me falou: 'Muito legal, vai expandir seus horizontes, mas eu não tenho como pagar viagens para quatro filhos. Para viajar, você vai ter de trabalhar'. Como eu sempre fui muito estudiosa, fui dar aula particular. Acho que descobri minha vocação na liderança, de que servir o próximo é o ato mais nobre que a gente pode realizar como ser humano. Não por ter poder, ter alguma ascensão sobre as pessoas, mas pelo fato de fazer a vida delas melhor."

A jornalista **Maju Coutinho** recorda que uma referência de liderança que teve foi a própria mãe:

> "A minha mãe é filha de uma doméstica que acreditou que tinha de botar o filho para estudar para ascender. A minha avó trabalhava em casa de ricos, aqui em São Paulo. Ela via que tinha de estudar. Então, minha mãe estudou, dentro das posses que a família tinha e conseguiu ascender. Minha mãe fez Pedagogia e meu pai, Letras, ambos na USP. Ela começou como professora, fez concurso para coordenadora, foi alçando os cargos de chefia, terminou a carreira como coordenadora pedagógica. Isso para uma mulher negra dos anos 1960 é uma baita liderança."

O QUE GERAM AS GERAÇÕES

Cada vez é mais comum encontrar até quatro gerações convivendo em uma mesma empresa e, devido a questões demográficas e da dinâmica do mercado de trabalho, essa realidade será cada vez mais presente. Temos desde os *baby boomers*, nascidos no pós-guerra e que viveram sua juventude nos anos 1960 e 1970, passando pelas gerações X e Y, até os integrantes da geração Z, nascidos a partir de meados da década de 1990.

Ter tantas faixas etárias no mesmo ambiente traz oportunidades, sobretudo por constituir um fator de diversidade. Sabemos que há aumento da

criatividade, entregas mais diferenciadas, maiores acréscimos de experiências e histórias de vida. Por outro lado, há também muitos desafios, uma vez que a visão que cada geração tem do trabalho que exerce varia consideravelmente. Isso confere novos contornos na relação com a empresa e com os colegas de outras idades.

> "Todas essas gerações de trabalhadores apresentam personalidades diversas, já que os profissionais nasceram em épocas e em contextos econômicos e sociais muito distintos. A evolução tecnológica, acompanhada da transformação digital, contribuiu para a chegada de novas formas de trabalho, como o *home office*, e a autonomia de algumas funções que também são fatores entendidos de formas diferentes a cada geração."
>
> **Valéria Reani**

Enquanto as gerações mais antigas buscavam a estabilidade – era comum profissionais passarem toda a carreira ou a maior dela numa só empresa –, as atuais têm outras motivações para ingressar ou permanecer numa organização e adoram viver experiências diferentes, em locais variados. Há pouco ou quase nenhum apego, nada de fidelidade.

"Na minha época, a gente procurava emprego numa postura de 'por favor, me dá uma chance'. Hoje, a maioria das pessoas chega querendo saber qual é a missão da empresa, quais são as frentes no que diz respeito ao meio ambiente, à sustentabilidade, como é vista a diversidade pela organização. O preparo até mesmo de quem recebe tem sido outro, porque se for alguém muito júnior, o candidato é que entrevista a psicóloga. Os valores sofreram uma alteração. Agora, isso faz parte de um desenvolvimento."

Glaucimar Peticov

Os profissionais mais novos tendem a querer tudo muito rápido. Se percebem que não terão suas necessidades atendidas, às vezes em questão de meses, já começam a prospectar outras colocações. O imediatismo é uma característica acentuada da geração Z. A pessoa quer o melhor resultado no menor período de tempo, numa busca pela recompensa imediata. É exatamente o funcionamento do nosso sistema nervoso primitivo: satisfação agora, fuga do que parece ameaçador. O cientista social e economista Eduardo Gianetti, em seu livro *O valor do amanhã*, explica claramente essa tendência de resposta ao discorrer sobre a questão dos juros: ele afirma que o princípio econômico é um fenômeno simples e tão natural quanto a força da gravidade e a fotossíntese: o devedor antecipa um benefício para disfrute imediato e se compromete a pagar mais por isso mais tarde, e quem empresta cede algo de que dispõe agora e espera receber um montante maior no final da transação. São escolhas que trazem consequências. Cabe aos gestores esclarecer que não se chega ao sucesso da noite para o dia, existe todo um processo de desenvolvimento profissional, que envolve uma jornada de aprendizado e crescimento gradual.

> "Eu já vi tantas situações em que pessoas, começando a carreira, fazem alguma coisa e, dali a pouco, já dizem: 'não estou gostando' e já querem fazer outra coisa. Essa ansiedade, talvez por conta dessas distrações o tempo todo, faz com que as pessoas nem se deem um tempo de conhecer, de entender que estão em uma empresa aprendendo. É muito diferente do momento que eu vivi, em que a internet não tinha chegado, o celular não estava o tempo todo na minha mão. Hoje estão respondendo o WhatsApp, acompanhando as redes sociais, lendo não sei onde. Essa comunicação a todo o tempo traz um outro desafio para a sua concentração, para o seu crescimento. Então, algumas características são inerentes a coisas pessoais mesmo ou a essa vida que elas vivenciam hoje."
>
> **Patrícia Freitas**

Num levantamento da Globosat sobre a geração Z, aparecem características positivas, como agilidade, rapidez e muita energia. É a geração WhatsApp: mandam uma mensagem e já esperam a resposta; ficam até ansiosos quando ela não chega imediatamente. São profissionais que buscam um aprendizado muito acelerado. Isso tem um lado bom, sobretudo hoje, quando se tem acesso muito fácil à informação e ao conhecimento. Esse aprendizado de forma muito acelerada, no entanto, dificulta a capacidade de reflexão. Eles passam a conhecer muitas coisas, mas de forma superficial, sem a necessária reflexão, que na prática é o que transforma informação em conhecimento.

São pessoas mais pragmáticas em relação à própria carreira, mas não necessariamente a ponto de ter no trabalho o foco prioritário. É o que mostra uma pesquisa da Deloitte, feita em 46 países entre novembro de 2021 e janeiro de 2022. A consultoria ouviu cerca de 15 mil profissionais da geração Z e 8,5 mil da geração Y (nascidos entre o começo da década de 1980 e meados dos anos 1990, também conhecidos como millennials). No quesito das principais razões para estarem no trabalho atual, o equilíbrio entre trabalho e vida pessoal foi apontado por 39% das pessoas da geração Y e por 32% da Z. Na sequência, aparecem as oportunidades de aprendizado e desenvolvimento, apontadas por 29% dos entrevistados das duas gerações.

> "As gerações mais jovens não querem só trabalhar. Elas querem trabalhar duro, mas querem a flexibilidade. E não é para cuidar de filho, é para fazer a maratona, para fazer sei lá o quê. Cada um tem seu interesse. Então, vem a questão da diversidade, inclusive geracional, para atrair os melhores talentos jovens. Daí horário flexível, *home office* e também criar um ambiente que ouve."
>
> **Susana Fagundes**

Por ser uma geração on-line, cresceu acostumada a enviar mensagens e obter respostas rapidamente. Isso cria demandas novas para os líderes. Uma delas é de exercitar a escuta ativa, interessada, para que esses jovens se sintam motivados a fazer cada vez mais e melhor. E, de modo geral, eles são abertos a ouvir. Especialmente porque precisam ter clareza do propósito daquilo que fazem. Esses profissionais mais jovens não respeitam o padrão anterior do "manda quem pode, obedece quem tem juízo". O líder, para mostrar sua autoridade, precisa esclarecer o porquê do que solicita, e principalmente demonstrar coerência entre o que fala e o que faz, entre seu discurso e suas atitudes. Do contrário, perde o respeito desse liderado; ele continua com o poder do seu crachá, mas sem a conquista da tal autoridade.

Os integrantes da geração Z são profissionais ávidos por *feedback*. Diferentemente dos formais e programados pela maioria das empresas a cada seis meses ou a cada ano, com a geração Z é preciso que o *feedback* seja dado a cada atividade, a cada dia. Eles querem se desenvolver e ascender rapidamente na carreira. Aliás, essa dinâmica de *feedback* mais frequente e positivo, com ênfase nos pontos fortes e com clareza baseada em fatos é sugerida por David Rock, fundador do Neuroleadership Institute, em seu livro *Liderança tranquila*. Nesse aspecto, cabe ao líder situar o processo de desenvolvimento, para alinhar expectativas, sempre com muito cuidado e assertividade. Caso contrário, aumenta o risco de eles receberem um elogio e já associarem a uma promoção imediata, o que não é o mais usual nas organizações. Eles precisam ter a ideia clara de como funcionam os ciclos da carreira para que não se decepcionem. Liderar essa geração dá mais trabalho. Esse investimento de tempo, porém, costuma trazer bons resultados, especialmente derivados da inovação, da criatividade e da resolução de problemas, favorecidos pelo fato de que esses jovens são nativos digitais e chegam com novos referenciais para encontrar soluções.

Muito além da gestão direta desse jovem capital humano, é atribuição dos líderes cuidar da convivência entre as gerações. Afinal, as diferenças de visões e de vivências podem ser um manancial tanto de conflitos quanto de oportunidades.

> "A diversidade nas empresas é um importante fator competitivo, pois promove a criatividade e inovação, além de ajudar a manter uma cultura organizacional mais forte. Mas o conflito de gerações no trabalho pode acontecer. Isso acontece porque hoje estão atuando no mercado de trabalho profissionais nascidos desde a década de 1950 até os anos 2000, e é normal existir uma grande diferença de comportamentos e modos de pensar. Saber lidar com esses conflitos é papel importante da liderança das empresas e diferencial para um bom clima organizacional."
>
> **Valéria Reani**

Quando se consegue criar um ambiente de trabalho com diversidade, há uma maior produtividade. São mais ideias e de diferentes tipos, produzindo uma percepção de ganha-ganha. As empresas, em geral, estão muito sensíveis à busca pela diversidade, com mais mulheres, pessoas de etnias e orientações sexuais variadas em seus quadros. Mas a questão do etarismo ainda é pouco percebida e considerada, por mais que esteja melhorando.

> "Conflitos de geração existem porque a dimensão temporal nos dá um eixo diferente de visão, a partir de experiências de erros e acertos que não são visíveis para quem ainda não atravessou muitas décadas de vida e produção. Esses conflitos costumam surgir porque pessoas mais maduras têm dificuldade de acreditar que pessoas ainda inexperientes possam, de fato, ter ideias geniais e porque as pessoas mais jovens partem da crença 'cultural' de que pessoas mais maduras não estão atualizadas, não sabem as tendências."
>
> **Rosana Hermann**, escritora e criadora de conteúdo. Formada em Física com pós-graduação em Física Nuclear

Cabe às lideranças, portanto, criar um ambiente que favoreça as interações intergeracionais, para que os estereótipos sejam derrubados e a pluralidade possa, de fato, gerar resultados. De que forma? Algumas empresas viram na experiência e na maturidade um trunfo para os negócios. Por exemplo, uma empresa de seguros relatou aumento nas vendas quando colocou na linha de frente profissionais com mais idade, que tinham histórias para contar, que podiam ilustrar com relatos pessoais a necessidade desse tipo de produto.

No contato com os jovens, muitos profissionais mais seniores podem cumprir o papel de mentores, que é uma demanda muito buscada por esse grupo. Os novos talentos precisam da orientação de alguém para direcionar a energia que têm. Esse grupo dos 50+, geralmente, traz mais equilíbrio, tende a ser menos impulsivo, a ter mais inteligência emocional diante de adversidades, a gerenciar melhor o estresse, o que contribui para reduzir a ansiedade dos mais novos.

Até mesmo a ideia de pessoas mais velhas serem mais refratárias à tecnologia vem caindo por terra. A população mais idosa, de maneira geral, tem ficado cada vez mais familiarizada com a tecnologia. Durante a pandemia da covid-19, 80% dos idosos do Brasil e de outros seis países da América Latina (México, Argentina, Uruguai, Chile, Peru e Colômbia) fizeram cursos. Pelo estudo "Tsunami8 Latam", existe um público de 21 milhões de usuários acima de 65 anos na empresa de comércio eletrônico Mercado Livre. E a faixa das pessoas acima de 50 anos foi a única que cresceu entre os consumidores do comércio on-line em 2021, segundo estudo da consultoria Nielsen Media Research. Hoje são 33,9% das pessoas desses países nessa faixa etária comprando pela internet.

Há que se considerar também um dado demográfico, que é o envelhecimento da população brasileira. Um levantamento do IBGE, publicado em 2022, mostrou que a proporção de pessoas acima dos 60 anos no Brasil saltou de 11,3% para 14,7% entre 2012 e 2021. Passou de 22,3 milhões para 31,2 milhões de pessoas nessa faixa etária, uma elevação de 39,9% no período.

Com isso, a convivência entre gerações será uma realidade comum na sociedade e, consequentemente, estará refletida nas empresas.

> "Devemos lembrar que conflitos existirão sempre, independentemente da questão geracional, afinal, trabalhamos e convivemos com pessoas que apresentam pontos de vistas similares e por vezes distintos. A questão é o grau de tolerância para absorver as divergências, que podem se materializar de diversas formas, das mais sutis às mais evidentes. Os times intergeracionais são uma realidade e se tornarão cada vez mais comuns, com o aumento da expectativa de vida da população."
>
> **Glaucimar Peticov**

Quando consideramos esse cenário, fica claro que trabalhar bem com conflitos é uma competência muito desejada e até exigida para aqueles que estão no papel de líderes de gerações tão diversas.

Os autores norte-americanos Tal Ben-Shahar e Angus Ridgway, no livro *The Joy of Leadership*, apresentam conceitos para refletirmos e colocarmos em prática diante desse desafio.

O primeiro diz respeito à importância de destacarmos os pontos fortes dos liderados. Trata-se de uma inversão do padrão mais habitual, que é chamarmos a atenção mais enfaticamente para os pontos de melhoria. A pesquisa descrita no livro mostra que, quando o líder se dedica a reforçar os pontos positivos do profissional, estes tendem a se desenvolver ainda mais, e os eventuais pontos de cuidado melhoram espontaneamente. Trata-se de um olhar diferenciado e disruptivo, com respostas consistentes e positivas. Vale a pena levarmos isso em conta ao lidarmos com pessoas de diferentes faixas etárias. Como os valores geralmente são diferentes, corremos o risco de nos fixarmos nos defeitos.

O segundo conceito traz um convite para que o líder procure reconhecer suas forças de performance e suas forças de paixão, bem como estimular o mesmo em seus liderados. As forças de performance são aquelas que nos destacam por fazermos bem. As forças de paixão incluem tudo aquilo que gostamos de fazer, e que nos energizam. A intersecção dessas duas forças nos torna, e aos nossos liderados, mais produtivos e mais felizes. Mais uma vez, autoconhecimento e vontade de liderar com foco nas pessoas são fundamentais para atingirmos objetivos. Esse olhar, mais voltado para a personalidade e as motivações de cada um, favorece a melhor convivência e a maior motivação para o trabalho em conjunto.

O terceiro conceito nos apresenta o resultado de uma pesquisa, intitulada "Efeito Pigmaleão". Alguns alunos de uma universidade escolhidos aleatoriamente foram colocados numa lista entregue aos professores, como se fossem os mais inteligentes da turma (20%). Após um ano, observaram que este grupo se destacou com as melhores notas nas avaliações e com aumento do coeficiente de inteligência, o QI. A esse resultado os pesquisadores deram o nome de "profecia autorrealizável". Isso nos mostra que, quando o líder acredita e reforça as características positivas de seus liderados, os efeitos são realmente melhores, e a motivação para o desenvolvimento muda o comportamento rapidamente. Às vezes o convívio com pessoas aparentemente diferentes nos leva a rejeitar o valor e a importância do outro. Esse comportamento pode dificultar a realização e a concretização das fortalezas de cada um. Demonstrar aprovação por meio do nosso comportamento faz toda diferença.

Ao aprofundar os estudos sobre essa forma mais eficaz de liderança, eu, Leny, deparei-me com o livro do João Paulo Pacífico, *Seja líder como o mundo precisa*. O João Paulo é CEO ativista do Grupo Gaia, empresa do mercado financeiro e conselheiro de empresas e ONGs, além de palestrante e autor de dois livros. Ele nos apresenta o conceito de "liderança compassiva" como uma forma para gerarmos mais resultados, motivação e inspiração, além de liderados mais felizes. Para isso, é necessário ter empatia, altruísmo e compaixão.

Daí a importância de os líderes saberem ouvir as necessidades, manter os canais de diálogos sempre abertos e cuidar da comunicação entre as partes. Se passamos a viver mais, precisamos também viver melhor, aproveitando o que cada geração tem a oferecer.

UMA POR TODAS E TODAS POR TODAS

Quando consideramos o trabalho nas empresas, sabemos da importância e da necessidade de criarmos equipes poderosas, capazes de somarem forças e de ter membros que se complementam e se somam.

Como criar uma equipe vencedora? Betania Tanure e Roberto Patrus, no livro *Você e seu barco*, nos ensinam que há vários estágios de desenvolvimento coletivo e estimulam a nossa reflexão sobre em qual estágio nos encontramos.

Os grupos representam o estágio mais primário de funcionamento. Neles, todas as pessoas "estão no mesmo barco", mas mobilizadas por

interesses individuais, ou totalmente dependentes das "ordens" dadas pelo líder. Os times já trazem a maturidade da formação coletiva: todos estão conscientes do motivo de estarem reunidos, mas ainda não há o entrosamento de todas as suas competências. As equipes, finalmente, são os estágios mais evoluídos do funcionamento coletivo. Aqui, há confiança, entrosamento, complementaridade das diferentes competências. Numa equipe a performance é maior, o tempo e a energia são mais bem aproveitados e o nível de conflitos é menor. Betania afirma que "ninguém é perfeito, mas uma Equipe pode ser". Portanto, nossa busca deve ser o desenvolvimento do conceito de "Equipe".

Uma Equipe de excelência reúne a dimensão *hard* de um time gestor e a dimensão *soft* de um time líder. Ou seja: ela é a combinação perfeita e complementar de pessoas com capacidade técnica e pessoas com capacidade comportamental. A busca por esse equilíbrio deve estar sempre presente, com clareza de propósitos, valores e missão, compartilhados por meio daquela tal comunicação efetiva e afetiva...

Quando pensamos no conceito de Equipe, temos que levar em conta a importância do papel do líder. Afinal, eles são a maior causa de pedidos de desligamento por colaboradores. João Paulo Pacífico, em seu livro *Seja líder como o mundo precisa*, chama a nossa atenção para o papel fundamental do líder para impactar as pessoas, os negócios e o planeta. Essa tarefa nos remete muito claramente ao conceito de líder ativista.

"Igualdade de gênero hoje para um amanhã sustentável." Este foi o slogan escolhido pela ONU Mulheres na comemoração do Dia Internacional da Mulher em 2022. A expressão exalta a importância de as mulheres ocuparem mais espaço em relação a questões cada vez mais críticas ligadas à gestão, como as relacionadas ao ESG e à sustentabilidade.

A quantidade de exemplos de ativistas feministas em diversas vertentes só aumenta, o que torna mais fácil as referências virem à mente quando se pensa em mulheres exercendo protagonismo em suas atividades. A jovem sueca Greta Thunberg, que se notabilizou por conseguir chamar a atenção do mundo para o debate de questões ambientais. As nigerianas Damilola Odufuwa e Odanayo Eweniyi, com diversas ações para defender e ampliar os direitos das mulheres na Nigéria. A alemã Ursula von der Leyen, primeira mulher a presidir a Comissão Europeia, que está à frente da Estratégia

Europeia para a Igualdade de Gênero 2020-2025. A empresária brasileira Luiza Trajano, que fez com que uma rede de lojas no interior paulista se transformasse numa potência do varejo nacional. A trajetória de Luiza já a levou a ser apontada como uma das 100 pessoas mais influentes do mundo pela revista *Time*.

Outro aspecto relevante é o tipo de comunicação utilizado pelas mulheres. Vivemos uma fase com uma grande busca pela demonstração de sensibilidade, por um cuidado maior com o outro, por um foco mais voltado às pessoas. Essa é uma demanda necessária, urgente e inadiável para líderes de uma forma geral. E mulheres parecem estar mais atentas a essa busca.

Em vários trechos desse livro fizemos referência às características comportamentais das mulheres, e como essas vêm sendo cada vez mais buscadas e valorizadas.

No livro *Liderança espiritualizada: a humanização das organizações*, o especialista em desenvolvimento de pessoas Adilson Souza destaca a importância de cultivar valores como confiança, respeito, pertencimento, propósito, justiça e gratidão, para um bom exercício da liderança. Aponta o exemplo de duas mulheres que são referência quando se trata de liderança efetiva e eficiente: Elizabete Schibmayr e Sandra Balau.

Elizabete Schibmayr, líder do Grupo Mulheres do Brasil, afirma que "respeito é o sentimento de se preocupar e cuidar de si mesmo, do outro e do espaço onde você está inserido. É admirar e considerar o bom e positivo que há nas pessoas. Em sua origem, no latim, 'respeitar' quer dizer olhar outra vez. Sejamos então respeitosos e empáticos. Valorizemos o outro e o seu melhor. Precisamos compreender que todas as coisas e pessoas estão conectadas através de linhas invisíveis". Trata-se de uma líder aberta e atenta para a valorização das características pessoais e que permite a manifestação das habilidades comportamentais de cada colaborador.

Já a líder portuguesa Sandra Balau, especialista em liderança sistêmica, ensina que "as virtudes – qualidades que emanam do nosso coração – só se corporizam quando colocadas em prática e a atividade profissional pode ser um campo fértil para fazê-las florescer e para contribuir para o nosso amadurecimento integral: emocional, espiritual e mental". Realmente esse tema é foco e interesse de mulheres contemporâneas.

Como se vê, permitir a manifestação das forças e virtudes de cada um contribui para o entrosamento da equipe e o alcance dos objetivos.

> "Devemos entender o contexto no qual estamos inseridos, pois fazemos parte de tempos voláteis, com desafios complexos e ambíguos, e esses dilemas se transpõem para empresas e pessoas. Somos sujeitos desse tempo, e momentos de transformação ou evolução pedem cada vez mais humanização. Equipes eficientes exigem um olhar humano. O cuidado com as relações começa com uma cultura de respeito, de acolhimento, com pluralidade e ambientes sadios, geradores de bem-estar, o que, por consequência, proporciona inovação e melhores resultados."
>
> **Glaucimar Peticov**

Ao olharmos para o atual cenário, chama a atenção o fato de que mulheres, por características inerentes, conseguem lidar com essas demandas de maneira assertiva.

Uma pesquisa realizada pela plataforma on-line de negócios Connect Americas destaca alguns atributos típicos da comunicação e da liderança exercida pelas mulheres. Um deles é a orientação às pessoas. À medida que um profissional se desenvolve na carreira, as habilidades técnicas vão sendo cada vez menos valorizadas e o desenvolvimento das habilidades comportamentais é mais valorizado e esperado. A orientação às pessoas, portanto, favorece muito esse modelo de liderança. Outro ponto observado com frequência é a maior tendência à cooperação. As mulheres são mais inclinadas a cooperar nos ambientes onde interagem. É citada também a capacidade de agir em muitas direções. A mulher, teoricamente, é treinada a olhar para diferentes pontos ao mesmo tempo.

Mas isso é muito diferente de ser multitarefa; este é um atributo muito mais ilusório do que real. A nossa atenção é alternada! Significa que, se você faz mais de uma coisa ao mesmo tempo, sua atenção está focada numa e depois na outra. Isso pode te levar a efetuar algo com menos qualidade ou até ter retrabalho para se corrigir. Mas, de fato, as mulheres conseguem focar mais rapidamente em diferentes pontos.

Outra característica é a da liderança horizontal mais inclusiva. Quando as mulheres são líderes, normalmente favorecem uma participação maior das pessoas numa equipe. Existe uma tendência a compartilhar mais o poder, o que é desejável, já que amplia a oportunidade de outras mulheres se prepararem para assumirem cargos melhores.

Há também o predomínio de um padrão mais emocional, um olhar mais voltado para a empatia, para se colocar no lugar do outro. O psicólogo canadense Paul Bloom, em seu livro *O que nos faz bons ou maus*, relata que a empatia é um impulso poderoso e, muitas vezes, irresistível. Ele explica que há uma teoria neural popular sobre o funcionamento da empatia: os neurônios-espelho. Essas células não conseguem perceber a diferença entre o próprio indivíduo e os outros. Assim, no contato com os subordinados, superiores ou pares, passa a haver maior cuidado, maior acolhimento, mais respeito.

Mulheres também demonstram maior aceitação e adaptação às mudanças. Há pessoas muito apegadas a determinadas situações, até por se sentirem mais confortáveis a partir do que é conhecido. Esse receio, esse apego ao conhecido pode dificultar a inovação, a criatividade e, consequentemente, a evolução. De uma maneira geral, mulheres são mais propensas a aceitar mudanças, são mais versáteis e flexíveis.

Todo esse rol de competências contribui para o sucesso da liderança feminina, especialmente num ponto fundamental para o mundo corporativo: a formação de equipes de qualidade e produtivas. O nível de engajamento dos times é fator crítico para a obtenção dos resultados desejados. Isto exige sensibilidade na composição dos grupos por parte da liderança e muita coerência e consistência de comportamento para manter esse estado.

> "Uma boa equipe é, antes de mais nada, diversa, representativa da nossa realidade, da nossa população e do nosso zeitgeist. E que tenham, além de competências específicas para o trabalho a ser feito, os soft skills que criam o ambiente, o habitat de produção pacífica, humana e produtiva que precisamos."
>
> **Rosana Hermann**

Luiz Gaziri, no livro *A ciência da felicidade*, chama a atenção para a importância de se dar autonomia para os liderados, a fim de conquistar maior engajamento da equipe. Ele cita a pesquisa de Christopher Collins e Matthew Allen, da Cornell e Babson College, que estudou 323 pequenas empresas. As que davam autonomia aos colaboradores alcançavam um crescimento quase três vezes superior ao de empresas controladoras e apresentavam uma rotatividade 13% menor. Quando os funcionários sentem que os líderes confiam neles, eles se tornam mais comprometidos com a empresa, mais produtivos, faltam menos ao trabalho, inventam mais formas criativas de resolver problemas, atendem melhor os clientes, colaboram mais com seus colegas e são menos estressados. Gaziri afirma que quando uma empresa controla os seus funcionários, ela consegue obediência. Já quando essa mesma organização dá liberdade a eles, gera engajamento. Equipes engajadas se tornam campeãs, alcançam melhores resultados, superam metas, e líderes que geram esse tipo de ambiente no trabalho produzem equipes de excelência.

Uma equipe bem formada depende muito da atuação do líder. E muito dos resultados obtidos depende do ambiente que os líderes conseguem gerar no trabalho.

Uma pesquisa da consultoria Tanure & Associados, de 2022, feita com 321 profissionais de gerência, direção, presidência e conselhos, no Brasil, constatou que 82% dos executivos tiveram chefes que consideraram como referências em liderança. Esses líderes tinham, em ordem decrescente, características como integridade, boa comunicação e boa escuta, visão estratégica e empatia.

Infelizmente, porém, 78% deles afirmaram que já tiveram líderes tóxicos. Esse é um conceito hoje bastante utilizado, e explicaremos mais adiante. Dentre esses, as características mais descritas, em ordem decrescente, foram desonestidade, agressividade, narcisismo e incompetência.

Líderes tóxicos geram ansiedade na equipe, falta de autoconfiança e até síndrome do pânico. Tanto que 26% dos profissionais submetidos a esses líderes acreditam que vão adoecer por causa do trabalho. Essa crença é justificada: um estudo de 2016, publicado no Journal of Occupational Health Psychology, constatou que o aumento da pressão arterial observado após a interação com um chefe tóxico tende a se manter no pós-expediente, gerando hipertensão.

E as consequências para a empresa? São várias e muito negativas: ideias menos criativas, desempenho 28% inferior, aumento de acidentes de trabalho, fuga de talentos, menor motivação, ruína das relações sociais e mais espaço para líderes ruins.

Como líder, busque proativamente ser assertiva e empática. Se você é liderada por algum líder tóxico, tenha consciência do que ocorre, aprenda a ficar distante emocionalmente, determinando limites, exponha o problema para outras instâncias da empresa, busque aliados e dedique-se ao autocuidado e ao seu bem-estar.

As pesquisas, de modo geral, mostram muito claramente que o desempenho da equipe e as entregas dos resultados dependem do comportamento do líder. O maior número de pedidos de desligamento de empresas, às vezes de grandes talentos, se deve à postura do líder.

No livro *Seja líder como o mundo precisa*, João Paulo Pacífico, CEO do Grupo Gaia, explica que o líder deve levar em conta duas variáveis para orientarem seu comportamento. A primeira diz respeito ao objetivo do trabalho, aos fatores que motivam as ações. Esta variável pode ir desde um interesse, que ele chama de mercenário, que é o interesse no ganho que se obterá, ao ativista, aquele que tem uma causa, um propósito. A segunda variável é o relacionamento pessoal. Quanto a ela, o líder pode ser mais humano ou mais tóxico.

O líder tóxico é em geral alguém que se preocupa muito consigo mesmo e muito pouco com as pessoas ao redor. É egoísta, tem zero empatia. Fica centrado nas próprias necessidades e pouco se importa em como o outro vai se virar para entregar seu trabalho. Uma segunda característica é a autoconfiança, já que ele superestima as qualidades que julga ter. Ele também costuma ser um seguidor de regras, o que pode levar a ter pouca flexibilidade. Chefes tóxicos tendem a contagiar o ambiente e a fazer com que alguns comportamentos, por serem habituais, pareçam normais.

Um ponto perigoso é que esse tipo de profissional geralmente tem alto grau de produtividade. Essa entrega está relacionada a uma dedicação extrema. Só que isso não se sustenta à medida que essa pessoa exige o mesmo de todos da equipe. Num primeiro momento, pode até ocasionar numa entrega melhor, mas depois os integrantes da equipe começam a se desgastar muito. É comum que líderes tóxicos gerem liderados doentes, com problemas emocionais ou físicos, podendo chegar ao extremo de um *burnout*.

O ambiente corporativo é competitivo, mas cabe ao líder avaliar a que custo as entregas acontecem. E, especialmente, se essa produtividade é sustentável. Uma equipe pressionada pode até ter bom desempenho inicialmente, porque está sob um nível elevado de exigência. Mas certamente logo os liderados chegarão a um nível de exaustão em que a entrega fica prejudicada. Alguns profissionais pedem para mudar de área, outros deixam a empresa, o que gera problemas de rotatividade e perda de talentos.

Há empresas que são tóxicas, colocam isso como uma norma, então vão escolher líderes mais agressivos, altamente competitivos. É uma condição que expõe demais a pessoa a riscos que podem comprometer o bem-estar físico e psíquico. E mesmo a pessoa mais saudável terá uma hora que se sentirá exaurida. Não é possível viver sob pressão o tempo todo.

Felizmente, o mundo está mudando muito nesse sentido. Nota-se uma busca pelo líder com comportamento mais servidor, próximo, com compaixão, altruísta. Aliás, compaixão é quando há o desejo de evitar o sofrimento do outro. Altruísmo é quando se quer ajudar a aumentar o bem-estar. Então, entre fazer sob pressão e fazer motivado, certamente há um impacto e uma baita diferença no resultado.

"Por muito tempo, o principal papel da liderança foi o de atuar prioritariamente para que os objetivos da empresa fossem alcançados e superados no estilo comando e controle. Hoje, a liderança deve assumir um papel inspirador, apoiador, com ouvidoria e que estimule a participação de todos e todas, proporcionando segurança, confiança, credibilidade, valorizando a multiplicidade de ideias, formações, visões de mundo, estimulando o compartilhar de saberes e experiências. Outro aspecto fundamental é o propósito. Pessoas com clareza de seus objetivos tendem a planejar e desenvolver suas carreiras com crenças e valores claros que proporcionam a oportunidade de atuarem como protagonistas. Portanto, o fortalecimento e valorização do time, com pessoas em atividades afins com possibilidade de ampliarem seus escopos, escrevem capítulos de uma história especial."

Glaucimar Peticov

Há que se observar que uma das características da liderança feminina que se acentuou nos últimos anos foi a atitude de a mulher dar a mão para a outra. A liderança inclusiva horizontal. Tempos atrás, era mais comum haver uma rivalidade, uma competição entre mulheres na mesma empresa. Essa é uma atitude que, ainda bem, está ficando para trás.

"O trabalho em equipe só sai do papel ou das reuniões se a equipe for muito bem selecionada, tal qual fazem os treinadores de futebol ao escalar o time. Certamente não é uma tarefa fácil, mas há alguns indicadores que eu considero para escalar uma equipe. Primeiramente, ter em mente a harmonia equilibrada de gêneros, de modo a valorizar os gêneros masculino e feminino. Se nós, mulheres, não começarmos a equilibrar as equipes, quem o fará? Depois, itens que devem ser lembrados: fazer o acompanhamento do profissional; focar no objetivo comum; focar na importância do líder; estimular o debate de ideias; criar relações transparentes; manter um bom clima organizacional, promover incentivos; e reconhecer os esforços, com um *feedback*."

Valéria Reani

No que se refere às relações entre as mulheres no âmbito do trabalho, o conceito de sororidade vem sendo cada vez mais propagado: mulheres apoiando mulheres. Até porque hoje as mulheres que conquistam cargos de liderança já têm representatividade e modelos para seguir. Como já dissemos, antes não havia isso. Líderes, na sua grande maioria, eram do gênero masculino. As mulheres tinham poucas referências. Hoje já existe um grupo expressivo de exemplos femininos, que estão atuando de forma bem impactante em várias áreas.

Sabemos o tanto que a qualidade da comunicação impacta e é determinante na obtenção e na condução de equipes de sucesso. No livro *Comunicação consciente*, as autoras Mara Behlau e Marisa Barbara afirmam que nascemos com uma programação cerebral para desenvolvermos a comunicação, mas a comunicação profissional vai além e requer treino, observância de regras e previsibilidade para atingirmos e engajarmos todos os públicos de interesse. Elas dizem que comunicação consciente é um objetivo central para melhorar a qualidade das relações pessoais e profissionais. Para isso, é necessário autoconhecimento e regulação emocional. Vamos encarar esse desafio? Juntas?

APRESENTAÇÕES EM PÚBLICO

É muito provável que, em algum momento da sua vida profissional, você tenha de se apresentar em público, seja qual for sua área de atuação. Nos tempos de escola, era possível se esquivar dessa situação, escolhendo o colega mais extrovertido para apresentar o trabalho feito em grupo e receber uma nota igual para todos. Na vida adulta não é mais possível recorrer a esse expediente. Além de sermos boas profissionais, quanto mais nós conseguirmos falar sobre aquilo que fazemos, maiores as nossas chances de avançarmos na carreira.

Pela dinâmica atual do mundo do trabalho, não só é recomendável aceitar a oportunidade,

como buscá-la. Afinal, são ocasiões para demonstrar conhecimento – e da forma mais encantadora possível.

Trata-se de fato de uma ocasião desafiadora. Falar em público é um dos medos mais recorrentes das pessoas. Mas muitos temores podem ser dissipados com a aplicação de algumas medidas.

A primeira delas é estar muito bem preparada, com um bom domínio do conteúdo. Isso já aumenta consideravelmente o nível de segurança.

> "Eu costumo ir bem em uma apresentação porque me preparo muito. Chegou um momento da minha carreira em que eu tive que dar muita palestra. Não é uma coisa natural para mim, porque sou mais introvertida. Eu sempre tive um objetivo de fazer bem o que eu fazia, não almejava uma posição. A minha motivação era o desenvolvimento, o desafio, contribuir para o negócio."
>
> **Susana Fagundes**

A segunda é condicionar-se emocionalmente para lidar com a situação. Nesse aspecto, a neurociência pode nos ajudar a entender os motivos de alguns de nossos comportamentos. Como já falado, no nosso cérebro existe o sistema límbico, que é primitivo, responsável pelas emoções. Quando acionado, ele nos prepara para lutar, fugir ou congelar. Por exemplo, um cachorro bravo se solta da coleira e corre em nossa direção. A sensação de perigo vai acionar o nosso sistema límbico. Com isso, vamos avaliar rapidamente: lutar não é possível, porque a mandíbula do cachorro é poderosa. Tampouco congelar, pois ficaríamos expostas ao ataque. De repente, avistamos uma portinha à qual parece viável chegarmos antes do cão. O sistema límbico vai estimular as glândulas do nosso corpo a produzirem adrenalina e cortisol e vamos correr em desabalada carreira para nos salvarmos.

Numa analogia com uma apresentação em público, a palestrante que opta por fugir sobe ao palco e não vê a hora de aquela situação terminar.

Fala rápido como uma metralhadora, vira as costas e vai embora. A palestrante que congela é a que tem o famoso "branco". As palavras somem, ela se esquece ou se perde durante a narrativa. Já a palestrante que optou por lutar chega de cara fechada, não interage com a plateia, faz a apresentação olhando o tempo todo para os slides, de costas para o público e vai embora.

Nenhuma das três reações vai produzir um resultado interessante. Para uma situação desafiadora, como uma apresentação, por exemplo, para algumas pessoas, é preciso ativar o neocórtex, área que nos oferece um rol muito mais amplo de respostas. É o neocórtex que nos permite, por exemplo, perceber a plateia interessada em algum tema que abordamos, e, portanto, podemos explorá-lo mais. É essa área também que nos faz perceber pessoas desinteressadas e, com essa informação, sermos capazes de mudar o rumo da apresentação.

A pergunta inevitável é: como eu saio do límbico para o neocórtex? Existem três sugestões:

1. Interprete a situação como um desafio, e não como uma ameaça. Lembre-se do tanto que você se preparou! Se, na hora H, a percepção for "estou nervosa, mas estou bem preparada, tenho condições de me sair bem", imediatamente o neocórtex será ativado. Por isso o preparo é fundamental. Quando estamos expostos ao estresse, há um disparo, que nos coloca em "alerta". E os sinais psicobiológicos se manifestam claramente: taquicardia, sudorese, frio na barriga, perna bamba, voz trêmula. Sobre essa fase não temos nenhuma autonomia. É aceitar, que dói menos! Na sequência, porém, vem a fase do *coping*, conhecida como fase de interpretação, em que podemos maximizar as reações de estresse ou interrompê-las.

Imagine que você está em sua sala estudando e alguém entra bruscamente. Você toma um susto e não há controle sobre isso. Ao olhar para a porta, vê que se trata de uma pessoa conhecida. A provável reação é soltar o ar: "Puxa, que susto" e logo se restabelecer. Suponhamos, porém, que você aviste um desconhecido, que entra armado na sua sala. Nesse caso, a interpretação é negativa, e os sinais do estresse serão mais intensos. Para o nosso cérebro, é como se ver diante um leão pronto para atacar. Portanto, quando estiver em uma exposição relevante, interprete voluntariamente a agitação interna como empolgação, lembrando-se de que, de fato, está tudo sob controle. *Coping* positivo, respostas fisiológicas e corporais positivas.

2. O nosso cérebro entende se está tudo bem conosco ou se existe perigo de acordo com a quantidade de oxigênio que chega até ele. O branco na fala, por exemplo, é resultado da ausência de oxigênio. Uma sugestão simples é respirar. Inspirar e soltar o ar prolongadamente. Repetir esse procedimento algumas vezes. Devidamente oxigenado, o cérebro entende que está tudo bem e o neocórtex prevalece. A respiração é uma função fisiológica. Mas, do ponto de vista simbólico, respirar significa trocar com o ambiente. Toda vez que nós inspiramos, colocamos coisas do ambiente dentro de nós e, quando expiramos, colocamos coisas nossas no ambiente. Quando interpretamos um ambiente como hostil, a nossa tendência é reduzir essa troca. A respiração encurta, a musculatura enrijece, o que denota a nossa tensão. Outra decorrência da falta de suporte respiratório é a voz ficar trêmula, o que constrói a percepção de insegurança. E, pior, com pouco oxigênio, o cérebro liga o alarme e ativa o sistema límbico. Para evitar essa situação, devemos nos preparar respirando profundamente, duas, três, quatro vezes pertinho da hora de subirmos ao palco. Assim, passamos a interagir efetivamente com aquele ambiente, e tudo parecerá menos assustador.

3. Uma forma de ativar o neocórtex é por meio da atividade de enumeração. Se estou prestes a entrar no palco, é recomendável que eu visualize a sequência do que pretendo fazer: por exemplo, "Primeiro, vou agradecer o convite; em seguida, falo do objetivo da apresentação; depois, mostro aquele slide que vai chamar a atenção das pessoas". O simples fato de ordenar mentalmente as ações já solicita a área nobre do nosso cérebro.

Ainda nesse terreno do preparo emocional, a psicóloga americana Amy Cuddy, professora de Harvard, sugere uma espécie de caminho inverso. Segundo ela, a linguagem corporal molda o nosso estado interior. Da mesma forma que o pensamento gera uma emoção, que, por sua vez, gera uma atitude, é possível por meio da atitude modificar a emoção e, consequentemente, o pensamento, já que se trata de uma via de mão dupla. A vantagem disso é que a nossa atitude está totalmente no nosso controle. Significa que, quando adotamos voluntariamente uma atitude comunicativa positiva, com uma postura mais vencedora – tronco ereto, olhar direcionado, gestos abertos –, nos apropriamos rapidamente dessa sensação de segurança. Em uma apresentação no TED, ela comenta que "se trata de fingir aquilo que você quer demonstrar não para convencer os outros, mas até que você se convença". Quando a pessoa consegue modificar a postura, o estado emocional vem a reboque. Ter consciência disso é extremamente libertador, porque a nossa atitude corporal está no nosso comando. E é muito mais fácil trabalhar com o corpo, que é algo concreto.

Com essa compreensão do aspecto emocional, podemos pensar nas etapas práticas da apresentação. Um dos preceitos básicos da boa comunicação é saber com quem estamos falando. O que aquele público já sabe e o que podemos acrescentar, qual a contribuição do que será apresentado. É recomendável ajustar diferentes estilos de acordo com as situações. Por isso, a capacidade de adaptação é ouro num mundo em transformação.

Eu, Leny, por exemplo, quando vou dar uma palestra ou um treinamento em uma empresa, peço sempre um perfil do público-alvo. Quero compreender quem são aquelas pessoas, que formação têm, que atividades desempenham, que necessidades precisam ser atendidas. Esses dados me ajudam a pensar em como embalar a minha mensagem. É fundamental fazer essa adaptação, para deixar claro o benefício que o outro terá a partir daquilo que digo.

Devemos partir do princípio de que a comunicação contagia o interlocutor. Quem deseja uma plateia que escute com entusiasmo e com envolvimento, precisa falar com entusiasmo e com envolvimento. Como atingir esse patamar? Estudos da neurociência nos permitem dizer que uma boa apresentação deve passar por três características: ser emocionante, original e memorável.

Ser emocionante significa falar de forma emocionante, enfatizar os sentimentos. É interessante verbalizarmos o que estivermos sentindo naquela oportunidade, pois é uma forma de aproximação. Ao embalarmos as nossas mensagens dessa maneira, geramos uma resposta mais emocional, porque o outro vai identificar a contribuição daquela interação. Uma dica é lançar perguntas para a plateia, mesmo sem esperar respostas. Esse gesto, por si, já favorece a conexão.

Outro recurso é colocar-se pessoalmente no conteúdo apresentado. Ao transmitir uma informação, vale utilizar expressões como "essa mensagem mexe comigo porque...", "esse conceito eu considero relevante porque...", "eu sinto que...". São maneiras de verbalizar a emoção.

A segunda condição é ser original. Se o tema for inédito ou pouco abordado já é meio caminho andado. Falar sobre um tema com ares de novidade aguça o interesse. Se o tema não for original – e muitas vezes não o é – a forma de apresentação deverá ser. Toda vez que assistimos a algo, existe um padrão, uma previsibilidade. Tudo aquilo que foge ao padrão, à expectativa, deixa o nosso cérebro mais atento.

Nesse quesito, o fundador da Apple, o americano Steve Jobs, era uma referência. Ele se notabilizava por apresentações impactantes. Era muito comum no auge da apresentação, ele tirar um produto de uma caixa e surpreender a plateia. Vale usar a criatividade e identificar imagens, objetos, sons que possam evocar algum tipo de mensagem na cabeça das pessoas.

Por fim, a apresentação deve ser memorável. Como fazer com que as pessoas gravem na memória o que será dito? Com base na neurociência, existem dois caminhos interessantes. O primeiro é ativar mais de uma área do cérebro das pessoas. Se eu falo, estimulo a área auditiva do cérebro. Se, além de falar, eu exibir uma imagem, estimulo também a área visual. Somos capazes de lembrar de situações em que o professor colocou um gráfico, uma imagem, um desenho para ilustrar o que estava ensinando. Isso aumenta a probabilidade de aquele conceito ficar mais presente na memória.

Vale o cuidado de avaliar os recursos audiovisuais mais adequados para passar o conteúdo. É preciso atenção com o uso de textos e imagens. O excesso de texto pode exigir o olhar muito tempo fixado na leitura e prejudicar a interação com a plateia. Do mesmo modo, se houver uma profusão de imagens, as pessoas ficarão mais atentas à tela e menos a quem está falando. Imagens e textos devem funcionar como lembretes, como pontos de apoio e não como a apresentação em si.

Contar histórias pode ser um expediente interessante nesse sentido. Quando mobilizamos a área racional, utilizamos argumentos. E a reação mais comum é as pessoas levantarem contra-argumentos. Elas vão refletir e questionar. Quando uma história embala uma mensagem, as pessoas ficam mais receptivas, porque essas narrativas tocam diretamente o coração e, por isso, tornam-se memoráveis. Quem não se lembra até hoje da historinha do Chapeuzinho Vermelho? Jesus transmitia ensinamentos valiosos por meio de parábolas. A personagem Sherazade, das *Mil e uma noites*, conseguiu se manter viva deixando um pedacinho de história para ser contado dia após dia para o sultão. As histórias têm um poder de convencimento. Por isso, colecionar histórias pode ajudar a embalar os conceitos principais.

O segundo caminho é repetir os dados relevantes e as mensagens principais. Uma vez definidas as mensagens, é fundamental reapresentá-las de outro modo, porque essa repetição ajuda a fixar a informação na mente do interlocutor. O uso de citações pode ser muito favorável. Quando a citação é de alguém considerado referência na área, é como se fosse uma validação daquela informação. Aliás, é um recurso que costuma funcionar bem na abertura ou no encerramento, dois momentos determinantes para manter a informação na memória.

Por fim, valem algumas dicas para o antes e o depois da apresentação:

- **Ensaie a apresentação** – Simule como se estivesse diante da plateia. Cronometre para ter certeza de que cabe no tempo estipulado. Ultrapassar o horário combinado é desrespeitoso com a plateia e com as pessoas das apresentações seguintes.
- **Redobre os cuidados com os aspectos vocais** – Vale caprichar na movimentação da boca. Uma articulação clara e precisa favorece a compreensão do conteúdo e ajuda a construir percepção de credibilidade, de segurança.
- **Evite a fala monótona** – Para isso, duas medidas ajudam bastante. O uso de ênfase nos trechos mais importantes da fala e a utilização de pausas. A pausa ajuda a separar a nossa fala em blocos, o que é uma medida didática. Ela também pode criar uma expectativa em relação ao que será dito. Mas, em situação específica de uma apresentação, é preciso atenção ao aspecto da interação. Em uma palestra, é bem mais difícil percebermos a expressão facial das pessoas em relação ao que falamos. Então, normalmente aquelas pausas para aferir a compreensão das pessoas não acontecem. Nessa situação, o risco de suprimirmos a pausa é muito grande, o que é um erro, pois pode levar a uma fala atropelada. Não é porque uma das funções da pausa fica prejudicada que as demais devam ser abandonadas.

- **Ouça os comentários** – Se possível, leve alguém em quem você confia para te dar *feedback*. Se houver gravação, reveja como foi. Responda a seguinte pergunta: "O que eu posso fazer diferente da próxima vez para ter um resultado ainda melhor?". Essa busca pelo aprimoramento é o que diferencia alguém que encanta daquele que simplesmente passa o recado.

Afinal de contas, quanto mais evoluímos, maior a necessidade de nos prepararmos, pois a expectativa das pessoas também se elevará.

REDES SOCIAIS E ANTISSOCIAIS

Imagine o espaço público e aberto de uma metrópole. Você está lá e não está sozinha. Família, amigos, conhecidos, conhecidos dos conhecidos, celebridades, personalidades admiradas, gente inspiradora, pessoas públicas controversas, golpistas esperando uma oportunidade. Todos compartilham do ambiente, manifestam opiniões, sentimentos, dividem experiências, revelam o espírito do tempo em que vivemos, ensinam e aprendem. E erram. Passam do ponto. Dividem supostos fatos sem saber a procedência. Alternadamente colocam pessoas em pedestais, mas também ajudam a destruir reputações.

Interessante, não? Potencialmente inseguro também. Pode parar de imaginar porque essa já é a nossa realidade diária nas redes sociais.

Para falar sobre esse assunto fomos ouvir uma pioneira. Ela chegou nesse ambiente tão cedo que o @ dela é simplesmente rosana. Sim. Ela é a primeira Rosana do Twitter, rede que mais usa, embora esteja firme e forte nas outras também.

Rosana Hermann é escritora e criadora. Jornalista, teve uma trajetória de estudos incomum: passou da turma de exatas para de humanas. Formada em Física, pós-graduada em Física Nuclear, cursou Jornalismo e nunca mais parou de escrever e falar. Criou programas e roteiros, apresentou jornais, atuou como repórter e levou sua experiência e conhecimento para as páginas de livros como *Celular doce lar*. O começo da vida acadêmica a preparou para ser uma voz ativa nas redes sociais:

> "Eu me formei em Física e aprendi a programar em computação. Mas era assim, só tinha um computador lá na USP, era um computador gigante, estou falando dos anos 1970. Então, eu sabia o que era um algoritmo, rodava programas lá no computador com cartão perfurado. Durante muito tempo, isso não servia para nada fora da vida acadêmica. Só tinha computador lá e acabou. Quando surgiram os primeiros computadores pessoais, falei: 'Ah! Eu sei isso aqui'. E logo aderi. Quando a internet surgiu, no começo dos anos 1990, falei 'Agora eu tô em casa". Por isso que eu tenho @rosana no Twitter desde 2007. Eu estava sempre lá na portinha, já esperando chegar. Eu sempre fui o que a gente chama de *early adopter*. Cheguei cedo nas coisas e hoje, pra minha idade, as pessoas não esperam que

> eu entenda, que tenha familiaridade, porque elas esperam o que veem com outras pessoas da minha idade: 'Ah, eu aprendo com os meus netos'. Na verdade, eu ensino coisas para os meus filhos, os meus netos."
>
> **Rosana Hermann**

A Rosana é o tipo de pessoa que dá prazer em seguir nas redes pelos múltiplos interesses que ela tem e divide:

> "A combinação de coisas que você faz na vida te dá uma caixinha de ferramentas. Na minha, eu tenho coisas de Física, uns algoritmos que eu aprendi, tenho agulhas de tricô e muitas canetas. Eu consigo misturar as coisas: fazer tricô com as canetas, escrever com os algoritmos..."

Antes do Twitter, ela criou o blog "Querido leitor", que está no ar até hoje. Um espaço em que ela já fazia algo muito parecido com o que viriam a ser as redes sociais dali a alguns anos. A Rosana viveu o começo de um processo que era mais de encantamento e descoberta do que da agressividade que por vezes aparece hoje:

> "No começo, o Twitter era um espaço de descobertas. A descoberta de um novo brinquedo era tão legal e a gente ainda não tinha dominado a ponto de pegar o brinquedo e bater na cabeça da coleguinha."

O que ela ensina é que não tem um jeito certo de manter as redes sociais de um modo saudável, seguro e divertido. Mas ser criteriosa nas postagens ajuda:

> "Eu olho de longe e olho de dentro, de perto. Quando estou do lado de dentro, muito perto, muito envolvida, eu hoje sou uma pessoa que pensa nas possibilidades negativas que aquilo pode gerar. E faço a minha curadoria de mim mesma. Apago antes de postar, deixo o tuíte marinando um pouquinho pra ver se pega o gosto. Não é censurar, mas eu faço os dois lados: eu publico e eu mesmo já fico olhando pra ver se aquilo vai dar cerro ou não, o que é um pouco triste. Porque a rede social deveria ser também um espaço de espontaneidade, mas junto com o alcance vem a responsabilidade com a gente e com os outros. A gente tem que agir com cautela pra não fazer mal a ninguém, não ofender ninguém, e não prejudicar a si mesmo."

E os limites de exposição? Cada um tem os seus e todos são legítimos.

Nada é obrigatório, mas atualmente soa estranho não estar em nenhuma rede social. É por meio delas que você mantém contato com pessoas queridas, se expressa, ouve, até vive um pouco outras vidas. Você pode estar em uma, duas, três ou em todas as redes. Nas corporativas, inclusive, que têm todo um código mais formal de comportamento. Uma última palavra da Rosana sobre o ônus e o bônus, que achamos ser maior, das redes sociais:

> "A gente está num lugar que tem um alcance planetário, que é instantâneo, que não é editável, que as pessoas pegam print. Mesmo que você apague, continua lá, em cache, para sempre. É também um espaço de risco. E a gente precisa ter essa consciência para poder falar: não, vou correr esse risco porque eu gosto, serve como experiência de comunicação, é um meio interessante. Nenhuma rede é um espaço 100% seguro, nem em perfis fechados."

As redes sociais são uma porta para o mundo. E por ela podem passar tanto mensagens muito gratificantes quanto demolidoras. Esse é um dado relativamente novo na história da nossa comunicação.

A jornalista **Maju Coutinho** relata que o teor de muitas mensagens recebidas mudou quando passou a ter mais exposição e a tratar de conteúdos mais propensos a polarizações:

> "Na previsão do tempo era uma resposta quase 80% positiva, porque eu lidava com um assunto mais leve. É difícil alguém discordar. Quando passei para a bancada, comecei a lidar com polarizações e respostas agressivas e mais mal-educadas. Eu procuro não me fiar em nenhum dos dois. Claro que é legal ter o *feedback* positivo, mas se você se deslumbra com coraçãozinho, com pessoas dizendo que te amam, na hora em que vê o outro lado, você afunda. Eu tento botar a lente correta nisso. Eu tento dosar e não me fixar nem tanto ao céu nem tanto à terra. E tem ou o positivo demais ou o

> negativo demais, falta o meio-termo. Eu fico feliz quando alguém me dá um toque que é real, que não é uma pegação de pé: 'Maju, você falou disso, mas eu acho que tem um outro lado, que você poderia ter dito'. Isso me faz refletir."

Ao se inserir no ambiente da política, a deputada federal **Tabata Amaral** relata que já esperava lidar com animosidades pelas redes sociais, mas se diz surpresa com a virulência dos ataques sofridos:

> "Você recebe ameaça. Milhares de perfis vêm te atacar, te ofender. Há uma série de *fake news* que já espalharam sobre mim, que eu sinceramente não sei se pegaram ou não. É muito ruim esse assassinato de reputações que acontece. E agressividade, gente que faz vídeo falando que eu tenho de tomar veneno, que vai me matar. Gente que me chama de 'puta', de 'vadia', coloca milhares de perfis para replicar isso. Essa foi das maiores surpresas negativas. Eu sabia que era machista, que era violento, mas não sabia que seria de uma forma tão estrutural. Que, cada vez que eu me posicionasse com coragem, que incomodasse alguém, eu enfrentaria coisas tão agressivas. É criminoso o que acontece."

A cientista **Natalia Pasternak** também é alvo de ataques em redes sociais. Mas afirma que não usa o espaço virtual para bate-bocas ou para se vitimizar:

> "O que eu não faço é ficar reclamando disso no Twitter. 'Ai, como eu sofro machismo', 'ai, não-sei-quem me xingou'... Eu acho isso um desserviço. É ridículo, não dá para levar a sério. Do ponto de vista sociológico, isso merece ser estudado, para a gente ver como o machismo estrutural ainda está arraigado na sociedade. Então, me interessa como pesquisadora, mas não vai me afetar pessoalmente. E muito menos vou ficar fazendo treta no Twitter, que, para mim, é uma ferramenta de trabalho, eu uso para comunicar ciência para as pessoas. Mas me preocupa ver gente usando isso como se também fosse uma escada para a carreira 'olha como eu sofro', 'olha como me atacaram', 'olha como sou xingado'. Não. Vamos ter mérito pelo nosso trabalho, não porque falam mal de nós."

Como vimos, trata-se de uma exposição que envolve riscos e consequentemente deve ser recheada de cuidados. Diante de tantos "perigos", às vezes nos questionamos: será que vale a pena? Não seria melhor abrirmos mão dessa exposição? Não! As mídias sociais são a chave para a construção e sustentação da confiança. Essa é a conclusão de uma pesquisa feita pela empresa de relações públicas Brunswick, realizada em 2022 com funcionários de empresas e com leitores de publicações sobre o tema. Os resultados mostraram que 84% dos funcionários e 89% dos leitores buscam informações sobre líderes de empresas em que trabalham ou em que gostariam de trabalhar por meio das redes sociais. A plataforma mais acessada é o site da própria empresa, a segunda é o Linkedin, seguido em ordem decrescente pelo Instagram, Facebook e Twitter. Essas pessoas percebem que podem confiar em líderes que têm lá os seus perfis, e que interagem de forma atuante com as pessoas. Elas dizem que preferem trabalhar para um CEO que utiliza ferramentas digitais, e 56% consideram que um líder assim é mais acessível, 50% que são mais fáceis de se comunicarem, para 50% essa participação ajuda a manter a equipe mais conectada, e para 47% esse líder demonstra mais transparência.

Portanto, participar e interagir nas redes sociais é também papel do líder. Para isso, porém, é necessário levarmos em conta alguns cuidados:

1. Defina seus objetivos.
2. Saiba quem você pretende alcançar.
3. Dedique parte de seu tempo para interagir.
4. Busque a melhor plataforma para atender aos seus objetivos.
5. Seja autêntico.
6. Seja transparente e direto.
7. Proponha temas de interesse geral.
8. Evite polêmicas.
9. Use apenas dados confiáveis.
10. Lembre-se que se trata de uma exposição de pessoa jurídica.

Com esses cuidados, você certamente terá uma boa exposição, será bem percebida e poderá se proteger dos riscos.

COM QUE ROUPA...

Como você se veste para trabalhar? O pensamento que guia suas escolhas é diferente daquele que rege o que você veste quando não está trabalhando? Muito diferente? Pouco diferente? Você já sentiu que deveria imitar um visual mais masculino para ser levada a sério?

Existe uma enorme desigualdade entre homens e mulheres no mercado de trabalho, com desvantagens para o lado feminino. Obviamente, a escolha do guarda-roupa não vai resolver isso. Mas chegamos a um momento em que podemos e devemos defender um visual que nos liberte, em vez de nos aprisionar. Existe um caminho muito particular, em que

cada mulher deve ter a liberdade de trilhar também quando falamos de roupas para o trabalho.

Sim, existe um código mínimo do que é aceitável no figurino de diferentes empresas ou áreas de atuação. Mas forçar algumas barreiras em nome da autenticidade é uma ideia mais do que interessante. E, em alguns casos, ajuda a escancarar o pensamento machista do entorno, como deixou claro a economista **Ana Carla Abrão** ao conversar conosco:

> "Eu usava umas roupas diferentes, umas roupas pretas com uma meia roxa e a outra laranja. Quando eu fui promovida, uma pessoa me falou: 'Acho que eu vou passar a usar uma meia roxa, uma meia laranja, quem sabe eu também sou promovido'. Achei graça. Eu fiquei pensando: 'Bom, talvez eu tenha sido promovida porque a pessoa que usa isso tem uma cabeça diferente da sua'. Hoje isso é claro para mim."

O que roupas têm a ver com comunicação? Com a palavra Mayra Cotta e Thaís Farage, autoras do livro *Mulher, roupa, trabalho: como se veste a desigualdade de gênero*: "Roupa também é uma linguagem; por isso, aquele que domina melhor os códigos se comunica melhor". A roupa que vestimos está no grupo dos recursos não verbais, de impacto tão relevante. Essa escolha diz muito sobre nós e sobre o nosso estado em cada momento. Vale a pena procurar identificar quais são as mensagens que estamos passando e se essas nos representam nos nossos diferentes estágios de desenvolvimento.

Sobre a ideia de emular um visual masculino, que já esteve mais presente no mundo corporativo, temos que reforçar a importância de mantermos a nossa autenticidade. Nosso vestuário deve representar quem nós somos. Da mesma forma que a busca, por exemplo, de uma voz mais grave ou de um vocabulário masculino remete a algo ultrapassado, com a escolha das roupas ocorre o mesmo.

A tolerância com comentários inadequados sobre a roupa ou o corpo das mulheres é mais uma ideia a ser superada. Se você ocupa uma posição de comando, saiba que tem o poder de mudar um cenário que prejudica a todas nós: estudos mostram que as pessoas tendem a se vestir e a equalizar as roupas de trabalho de acordo com a observação de seus líderes. Segundo Mayra Cota e Thais Farage, o líder pode e deve coibir qualquer comportamento de desrespeito ou preconceituoso em relação ao vestuário das pessoas na instituição.

Lembre-se, sua escolha também ao se vestir reflete quem você é e te mostra para o mundo. Escolha com cuidado e considere também se divertir nesse processo, privilegiando vontade, conforto e leveza.

Como a comunicação constrói percepção de modo muito rápido, precisamos atentar para as informações que demonstramos desse modo não verbal. As roupas que vestimos transmitem de modo bem impactante a nossa imagem.

Consideramos a necessidade de darmos atenção para esta forma tão relevante de comunicação. Assim, optamos por convidar uma profissional de grande destaque e de trabalho reconhecido nessa área para falar de forma mais específica e aprofundada sobre o tema: a consultora em imagem e especialista em presença executiva, Ilana Berenholc, que escreveu o texto a seguir.

A IMAGEM DA LÍDER

Ilana Berenholc

Será que existe uma imagem da liderança feminina?

Uma pesquisa simples no Google nos dirá que sim: mulheres com roupas inspiradas no guarda-roupa masculino, com blazers ou camisas em cores neutras, quase sempre de braços cruzados. O que ainda vemos é uma imitação do estereótipo de líder masculino.

Apesar de parecer retrógrado, ainda nos dias de hoje a autoridade é associada ao gênero masculino. Entretanto, não faltam relatos de mulheres que, quando se apresentam de forma masculina, são chamadas de agressivas ou insensíveis. Mas, quando se apresentam de forma mais feminina, são julgadas como fracas, sem pulso e têm sua capacidade colocada em questão. Já se viu nesta situação ou sofreu consequências disso?

As mulheres vivem esse dilema, como se a feminilidade e a competência não pudessem coexistir.

É injusto, mas é fato que as normas e práticas relacionadas à aparência física têm um significado muito diferente no dia a dia das mulheres do que no dos homens. As mulheres são muito mais cobradas e os julgamentos são muito mais cruéis. É só abrir o jornal ou ligar a tevê. As mulheres têm sempre sua aparência analisada e julgada, algo que não acontece com os homens. Magra demais, acima do peso, muita maquiagem, sem maquiagem, cabelo assim, roupa assado. Exige-se que nossas habilidades de liderança estejam "bem embaladas".

E os homens? Eles, por outro lado, tendem a ser retratados como figuras públicas poderosas, com a mídia focando na profissão, habilidades e opiniões, de acordo com a International Media Support, que atua em mais de 30 países apoiando a produção de um jornalismo ético, independente e crítico.

Na maioria das vezes, vemos a liderança masculina e feminina sendo colocadas em lados opostos quando se trata de atributos desejados. Será que vamos continuar a dividir o mundo entre homens e mulheres? Você acredita que existem características exclusivas a cada um quando se fala de liderança?

Por mais que se associe empatia a mulheres e dominância a homens, por exemplo, isso não significa que toda mulher é empática e todo homem é dominante. No entanto, no inconsciente coletivo, existe uma associação a certos atributos como sendo mais masculinos ou femininos.

Eu gosto da ideia da liderança andrógina, baseada nos trabalhos da psicóloga americana Sandra Bem, que reconhece os traços intrínsecos de personalidade masculina e feminina em uma mesma pessoa. Liderar de forma andrógina é escolher transitar conscientemente entre traços de personalidade e comportamentos masculinos e femininos, analisando cada contexto, para alcançar os resultados que deseja. E, da mesma forma que podemos fazer estes ajustes no comportamento, podemos fazer ajustes na nossa imagem.

O que seu visual comunica

Desde pequena, sou apaixonada por um quadro na parede da casa dos meus pais. Num primeiro olhar, parece uma pintura abstrata. Ao lermos seu título, entendemos que não: é um guarda-roupa. O nome do quadro? Dilema matinal dos que têm roupas.

Diariamente, escolhemos como queremos nos apresentar ao mundo. Nenhum dia é igual ao outro. Nossa agenda, humor, vontades ou necessidades direcionam nossas escolhas. As roupas são uma forma de trazermos para a superfície todos os nossos aspectos não visíveis. Não existe uma roupa "neutra", que não comunica. Com elas, podemos influenciar a percepção de personalidade, sentimento e intenção.

Uma forma de interpretar as sensações e mensagens transmitidas por nossas características físicas e por nossas roupas utiliza o conceito oriental do yin e yang, em que o yin fala da energia feminina e o yang, da masculina. A vantagem desta abordagem é que ela se conecta com o conceito de liderança andrógina e nos permite olhar a imagem como algo mais flexível, nos tirando de caixas preestabelecidas e nos dando a possibilidade de transitar nas diferentes energias. A ideia é que o Yin e Yang acontecem numa escala e podemos andar casas para lá ou para cá.

Conforme fazemos as escolhas e vamos modulando nossa forma de expressar nossa energia dominante, vamos compondo essa liderança andrógina, que não é nem 100% feminina ou masculina.

Não existe, portanto, uma imagem ideal. Não existe a lista das cinco peças-chave. Não existe o corte de cabelo ideal. Existem escolhas diárias que fazemos, que dependem do contexto, das pessoas, do teu objetivo. Tudo são escolhas intencionais e você vai deslizar o botão na direção que melhor te servir.

Minha proposta é guiar teu olhar para o que você precisa cuidar para criar sua imagem de líder como a mulher que você é.

Os quatro passos para pensar na sua imagem de líder

Autopercepção

Para pensarmos na nossa imagem de forma estratégica, começamos com um olhar para nossas características intrínsecas. Elas falam muito sobre as primeiras impressões que as pessoas têm de nós.

A primeira delas identifica suas tendências comportamentais – seus comportamentos mais naturais e automáticos. A segunda, suas características físicas. Você já reparou que as atrizes escolhidas para viverem as mocinhas (yin) ou vilãs (yang) tendem a seguir um certo padrão? A terceira identifica suas preferências nas roupas.

Em cada tabela, pinte as bolinhas onde se encontram suas características, comportamentos e escolhas de vestuário mais frequentes. Identifique se são mais yin, yang ou no meio. Se você não tiver certeza sobre alguma característica, pode deixar em branco.

TENDÊNCIA COMPORTAMENTAL

YIN		YANG
Afetiva	OOOOO	Controlada
Flexível	OOOOO	Rígida
Sutil	OOOOO	Direta
Acessível	OOOOO	Distante
Complacente	OOOOO	Firme
Colaborativa	OOOOO	Autossuficiente
Sensível às necessidades dos outros	OOOOO	Individualista
Diplomática	OOOOO	Dominante
Orientada às pessoas	OOOOO	Orientada aos negócios

CARACTERÍSTICAS FÍSICAS

	YIN		YANG
Estatura	Baixa	O O O O O	Alta
Estrutura	Delicada	O O O O O	Robusta
Silhueta	Curvilínea	O O O O O	Angulosa
Ombros	Estreitos ou caídos	O O O O O	Largos ou angulosos
Rosto (contorno)	Linhas mais curvas	O O O O O	Linhas mais retas
Traços	Pequenos, delicados, arredondados	O O O O O	Grandes, pronunciados, angulosos
Contraste pele, olhos e cabelo	Baixo contraste	O O O O O	Alto contraste
Corte de cabelo	Ondulado, cacheado, com movimento, longo	O O O O O	Liso, corte geométrico ou estruturado
Postura	Graciosa, cabeça inclinada, queixo para baixo	O O O O O	Ereta, cabeça alta, queixo para cima
Olhar	Olhar de relance, sem encarar	O O O O O	Olhar firme, direto
Gestual	Gracioso, suave	O O O O O	Decidido, firme

CARACTERÍSTICAS DAS ROUPAS E ACESSÓRIOS

	YIN		YANG
Linhas (tipo)	Curvas	OOOOO	Retas, angulares
Linhas (direção)	Horizontais	OOOOO	Verticais, diagonais
Formas	Arredondadas	OOOOO	Retas
Cores	Claras, suaves, pastéis, alegres	OOOOO	Escuras, intensas, sofisticadas
Contraste entre as cores	Baixo contraste	OOOOO	Alto contraste
Tecidos	Tecidos leves, suaves, maleáveis, finos, naturais	OOOOO	Tecidos pesados, ásperos, rígidos, grossos, luxuosos
Detalhes	Muitos, pequenos, espalhados. Laços, babados, rendas, bordados	OOOOO	Poucos, grandes, localizados
Estampas	Pequenas, espalhadas, arredondadas. Florais, poás, pontinhos, quadradinhos	OOOOO	Grandes, localizadas, geométricas. Listras, xadrezes, abstratas, bolas grandes ou sem estampa
Acessórios	Pequenos, delicados, arredondados	OOOOO	Grandes, chamativos, geométricos

Intenção

Como você quer se posicionar? Você não precisa se ver em um extremo ou outro. Lembre-se que as escolhas são diárias e levam em conta sua agenda, as pessoas envolvidas e sua intenção de posicionamento. Que sensação que você quer transmitir. Ela é mais yin, yang ou equilibrada?

Escolhas

Olhe para suas preferências no vestuário. Do que você não abre mão? Que elementos são importantes manter? Que elementos você pode trazer para sua imagem que ajudam a comunicar sua intenção? O que você pode adaptar, deslizando a escala na direção da sua intenção? Onde você vai colocar o yin ou yang? É na cor, na modelagem da roupa, na estampa?

Alguns exemplos para você se inspirar:

1. Predominância yin

Camisa branca de algodão (equilíbrio), saia rodada com estampa floral rosa e lilás (yin), sandália lilás de tiras finas e salto médio (yin).

2. Equilíbrio yin e yang

Cardigã listrado (yang) azul-claro e branco (yin), jeans de lavagem média (equilíbrio), mocassim marrom (yang).

3. Predominância yang

Blusa de seda com estampa floral (yin) preto e branco (yang), combinada com uma calça reta preta (yang), sapatilha de bico fino (equilíbrio).

Impacto

Sempre é bom monitorar o impacto das suas escolhas. Uma boa prática é se fotografar e anotar o que a fez fazer aquela escolha. Ao final do dia, anote como se sentiu. Comece a perceber o que funciona e o que não e faça os ajustes necessários.

Como você pode ver, não existe uma imagem única, não existe uma imagem padrão. Ao pautar suas escolhas com base no contexto, o vestir sai do modo automático e se torna intencional, apoiando você nos desafios do dia a dia.

O QUE VOCÊ AINDA QUER?

As mulheres entrevistadas neste livro simbolizam os avanços já conquistados em vários espaços da sociedade. Ao final de cada conversa, a pergunta foi sobre o que esperam do futuro. As esperanças de algumas delas estão descritas:

"Depois de tantos anos, não tenho esse desejo de 'eu quero chegar a uma posição tal'. Eu, particularmente, não sou aquela pessoa de dizer 'tenho de planejar onde estarei daqui a cinco anos'. Nunca fiz e não é agora que eu vou fazer. Acho que o que eu mais quero, dentro dos papéis que eu assumi, é poder ser reconhecida por ter sido uma boa profissional, por ter executado, mas sem ter deixado algum corpo no caminho, sendo admirada pelo que eu fiz."

Patrícia Freitas

"Muita coisa. Para mim, estou em 1975. Só que eu era mais nova, tinha mais força, e muitos amigos que me rodeavam de esperança. Eu quero que todas as conquistas continuem. A Constituição brasileira, que foi tão linda; o SUS, isso eu quero continuar vendo. O que eu quero? Fazer parte da história das mulheres e do povo, que este país tenha dignidade, direitos iguais. Então, eu não posso morrer. Eu quero continuar nessa luta. Eu quero fazer uma campanha para que as mulheres não morram de câncer de colo de útero, de câncer de mama, de morte materna, pelo parto. Eu queria aprender um instrumento. Acho que é a única coisa que está me faltando muito. Eu já fiz livros, já tive filhos. Quero ver os netos entrarem na faculdade. Quero ver minha neta e meus netos não serem machistas. Quero vê-los defendendo os direitos. Eu já aprendi a dançar, a nadar, que eu não sabia. Eu não tive tempo, trabalhei muito. Tem 20 anos só que eu aprendi a dançar. Quero ouvir todas as músicas que eu gosto com mais tempo e reler todos os livros que eu gosto. E não quero me aposentar. Quero morrer trabalhando, de preferência no hospital ou dando aula. Quando eu ficar mais velha, vou dar aula de cadeira de rodas. Eu só não quero perder a minha memória."

Albertina Duarte Takiuti

"Mudar o mundo! Eu quero um mundo melhor. Quero deixar esse Brasil melhor do que eu recebi para os meus filhos, para os meus netos. Quero contribuir para as pessoas, para as organizações serem melhores. O mundo hoje está muito árido. As pessoas estão num grau de sofrimento grande, por razões diversas. Mudar o mundo passa por um momento de consciência de cada um de que é responsável pelo mundo em que vive. É a consciência mais a ação. O Brasil é cheio de coisas bacanas, mas cheio de desigualdade, cheio de problemas e de oportunidades. Pela profissão que escolhi, eu tenho o privilégio de ter uma ação com um raio maior de pessoas à minha volta. Seja do ponto de vista profissional, seja a roda de amigos, de movimentos, de família. Eu sou intensa em tudo o que eu faço, por isso, o tempo se multiplica."

Betania Tanure

"Agora eu quero mais é curtir a caminhada. Porque a gente faz um esforço para chegar em determinados postos. Então, agora é curtir esse período, enquanto eu tiver possibilidade de estar nele. É curtir, me desenvolver, mas com calma. Porque, quando a gente está na busca, não pode ser voraz, porque se atropela, tem uma ansiedade que tira um pouco de energia. Então, crescer um pouco na paz. Sem aquele 'ai, meu Deus'. Porque cansa ficar 'e agora?', 'e amanhã?', 'qual é o próximo passo?'. Por enquanto, é mesmo curtir esse caminho."

Maju Coutinho

"O que eu mais quero é ver uma ponte concreta se formar entre a ciência, a sociedade, o governo e o parlamento. Para que a gente tenha políticas públicas formuladas consultando cientistas, baseadas em ciência, com melhor uso dos recursos públicos."

Natalia Pasternak

"O que eu espero profissionalmente, seja em qualquer posição que eu vier a ter – não tenho ambição por nenhuma específica –, é que eu seja uma boa líder, que eu consiga formar outras pessoas que digam: 'Poxa, a Patrícia passou pela minha vida'. É isso o que eu quero."

Patrícia Freitas

"Eu tenho mais planos para a educação do que para a política em si. Eu não vejo a política como carreira. Eu vejo a política como uma continuidade do meu ativismo pela educação. O meu sonho grande, de longo prazo, é que a gente tenha a melhor escola pública do mundo. Eu entendo hoje que a minha atuação como deputada federal é onde eu tenho mais chance de avançar essa luta. Mas o que eu penso para o futuro é muito mais relacionado à educação. Eu tenho vontade de continuar estudando, fazer um mestrado, um doutorado. E de continuar me colocando como ativista, como alguém que aproxima as pessoas dessa temática."

Tabata Amaral

"Eu quero que a mulher seja mais reconhecida, não tenha tanta dificuldade quanto eu tive para me projetar. Nenhuma das minhas duas filhas seguiu a carreira jurídica, porém seguiram carreiras que gostam, têm maridos que as apoiam, como o meu me apoia, isso para mim é uma conquista. Eu continuo investindo na minha carreira. Quando eu faço uma oração, mais agradeço do que peço. Se eu tivesse de pedir seria para não perder esse pique de estudar, de continuar a aprender sempre."

Valéria Reani

Como disse o apresentador americano Mister Rogers, em 1963: "Amor e confiança no espaço entre o que é dito e o que é ouvido podem fazer toda a diferença nesse mundo".

Que nós consigamos, por meio da nossa comunicação efetiva e afetiva, que o amor e a confiança estejam sempre presentes, permeando as nossas relações, para nos aproximarmos e nos unirmos cada vez mais em direção aos nossos propósitos e objetivos. Que essas reflexões, que esses dados, que esses conceitos e que esses depoimentos tão inspiradores nos permitam sermos melhores seres humanos e consequentemente melhores líderes! Dos nossos liderados, das nossas carreiras, das nossas vidas. E que a nossa trajetória seja marcante, iluminada e inspirada; que o nosso legado possa nos tornar referências para quem inicia essa caminhada. Vamos juntos!

PÁGINAS DA VIDA

Simone Tebet

Por muito tempo, a mulher teve de se sujeitar ao mando e à autorização masculina para trabalhar, casar e, até mesmo, para sair às ruas. Para a mulher, não havia apenas a falta de liberdade de ir e vir, o que já era trágico; o que praticamente não existia era a liberdade de ser. De quem ser. A mulher tinha de se submeter ao mando paterno, no que fazer, no onde ir, no como se vestir. De como ser.

Houve um tempo em que a mulher tinha de caminhar um passo atrás do marido. Era obrigada a condicionar suas opiniões ao timbre de voz masculino, ainda que nas coisas que lhe dissessem respeito, seja na materialidade, seja no significado próprio da sua condição feminina. Sem poder votar, nem ser votada. Sem direito, portanto, à vez, à voz e ao voto.

Muita coisa mudou desde esses tempos, mas ainda há um longo caminho para alcançarmos o horizonte que nos é devido. Não podemos nos esquecer, por exemplo, que, embora exercendo as mesmas funções dos homens, com a mesma capacidade e a mesma produtividade, as mulheres brasileiras continuam recebendo salários um quarto menores. Se negras, menos ainda. Um terço já foi vítima de algum tipo de violência. As mães veem, dentro de suas próprias casas, agressões cada vez mais doloridas contra seus filhos, cometidas por quem, ao contrário, deveria protegê-los.

Essa situação degradante não combina com quem entrega ao mundo a plenitude da vida. E é por essa mesma plenitude, devida e merecida, que lutamos. Somos a maioria da população, dos eleitores e dos estudantes universitários. Entretanto, continuamos ainda minoria absoluta naquilo que nos mantém muitos passos atrás dos homens: a política.

Apesar dos avanços recentes, a política brasileira continua a se fazer com timbre masculino. Se considerarmos todos os cargos em disputa nas eleições de 2022, foram eleitas 302 mulheres, ao passo que os homens somaram 1.394.

O Brasil nunca precisou tanto da sensibilidade da mulher. Nunca se viu, como neste nosso tempo, tamanha desigualdade social, num quadro de miséria em que 62 milhões de brasileiros vivem abaixo da linha da pobreza, incluindo quase a metade das crianças menores de 14 anos.

Enquanto isso, o Brasil mergulhou, nos últimos anos, numa espécie de não ser. E não ser é exatamente o contrário do que é, na sua essência, o ser mulher: vida, e vida no seu significado mais amplo.

Considerando não ser suficiente a nossa indignação silenciosa, a candidatura à presidência da República foi o grito mais alto de toda a minha trajetória política. Mais alto do que quando tive de me impor às barreiras comuns à condição feminina, como no caso da CPI da Covid, quando fui taxada de "descontrolada", atitude comum quando as mulheres ousam derrubar as barreiras impostas pelo machismo político.

Mais alto e, certamente, mais exitoso, porque, mais que eleitoral, minha candidatura foi política, com uma participação das mais expressivas e, muitas vezes, comovente, das mulheres de todas as regiões por onde andei e de todos os segmentos com quem conversei. Parecia haver, em muitas delas, um grito parado no ar. Por isso, gritamos juntas, e, tão importante quanto o nosso grito, foi o eco que ele produziu entre os homens. E isso tem um enorme significado, porque a luta das mulheres nunca foi por caminhar à frente deles, mas junto.

Eu não tenho dúvida de que foram, principalmente, as mulheres que lançaram as sementes de esperança que brotaram nas eleições de 2022. E é também por isso que eu recomendo a leitura deste livro a todos os brasileiros, homens e mulheres. Ele não deixa de ser, também, um grito estridente – sob a regência da Leny Kyrillos e da Cássia Godoy – de mulheres que enfrentaram os percalços comuns à condição feminina, além de outros igualmente de ordem discriminatória, e que também se fizeram ouvir. Estou certa de que estas páginas, que são páginas da vida, também farão eco.

Os historiadores do amanhã certamente também vão encontrar, nestas mesmas páginas das mulheres de hoje, o quanto o nosso grito foi importante, não somente para que o Brasil possa sair, a partir de agora, desta deprimente situação de um dos piores índices de desigualdade social de todo o planeta, como também para derrubar o muro do ódio desses nossos tempos recentes de negacionismo à vida, que vitimou milhares de brasileiros. Nesses tempos de preconceito social e regional. Nesses tempos de racismo, machismo e homofobia. Nesses tempos de misoginia.

Que este livro se constitua numa semente para o cultivo de um novo tempo, também fertilizado pela esperança de uma melhor colheita coletiva.

MULHERES NO PODER

Luiza Helena Trajano

Nunca a maneira feminina de gerir e utilizar as características que foram permitidas à mulher desenvolver estão fazendo tanto a diferença nas organizações quanto nos dias atuais. Valorização de pessoas, intuição, flexibilidade no lidar e poder de realizar várias atividades ao mesmo tempo são alguns dos atributos necessários e que as mulheres dominam com muito mais facilidade.

Cada vez mais temos que estar preparadas e conscientes de que a nossa hora chegou. Precisamos e devemos ocupar esses espaços, precisamos mudar de ciclo e passar a ocupar nossos espaços de forma efetiva.

O livro *Sou mulher, sou líder*, de Leny Kyrillos e Cássia Godoy, traz importantes dicas e valiosas informações para que melhoremos nossa forma de comunicação e de como enfrentar os paradigmas da sociedade criados quando uma mulher está na posição de liderança. Para entender esses temas, elas entrevistaram um grupo fantástico de mulheres que ocupam posições de liderança e trazem depoimentos que podem inspirar muito as leitoras.

Acredito que estamos ampliando nossas conquistas, mas temos de prosseguir firmes em nosso propósito, inspirando e puxando cada vez mais mulheres para o topo. Temos de ser agentes de transformação da sociedade. Já somos, mas precisamos ampliar nossa participação na economia e na política e fazer a diferença em nosso Brasil.

Bibliografia

BAR-ON, Reuven; PARKER, James D. A. *Manual de inteligência emocional.* Porto Alegre: Artmed, 2002.

BEHLAU, Mara; BARBARA, Marisa. *Comunicação consciente*: o que comunico quando me comunico. Rio de Janeiro: Thieme Revinter, 2022.

BEN-SHAHAR, Tal; RIDGWAY, Angus. *The joy of leadership.* How positive psychology can maximize your impact (and make you happier) in a challenging world. Wiley. New Jersey, EUA, 2017.

BLOOM, Paul. *O que nos faz bons ou maus.* Rio de Janeiro: BestSeller, 2014.

BRADBERRY, T.; GREAVES, J. *Inteligência Emocional 2.0:* você sabe usar a sua? Rio de Janeiro: Alta Books, 2016.

BROWN, B. *A coragem para liderar*: trabalho duro, conversas difíceis, corações plenos. Rio de Janeiro: BestSeller, 2021.

CEREZETTI, Sheila. *Interações de gênero nas salas de aula da Faculdade de Direito da USP*: um currículo oculto? Cátedra Unesco de Direito à Educação/Universidade de São Paulo, São Paulo, 2019.

COTTA, Mayra; FARAGE, Thais. *Mulher, roupa, trabalho*: como se veste a desigualdade de gênero. São Paulo: Paralela, 2021.

CUDDY, Amy. *O poder da presença.* Rio de Janeiro: Sextante, 2016.

DESMURGET, Michel. *Fábrica de cretinos digitais*: os perigos das telas para nossas crianças. Belo Horizonte: Vestígio. 2021.

DWECK, Carol. *Mindset*: a nova psicologia do sucesso. Rio de Janeiro: Objetiva, 2017.

ELIAS, Juliana. "Só duas empresas do Ibovespa têm CEO mulher e 85% dos conselheiros são homens". CNN Brasil. 08/03/2022. Disponível em: <https://www.cnnbrasil.com.br/business/so-duas-empresas-do-ibovespa-tem-ceo-mulher-e-85-dos-conselheiros-sao-homens/#:~:text=Ambas%20est%C3%A3o%20no%20cargo%20h%C3%A1,Jereissatis%2C%20a%20chefiar%20a%20empresa> Acesso em: 04 out. 2022.

FALCONE, Eliane et al. Inventário de empatia (I.E.): desenvolvimento e validação de uma medida brasileira. *Avaliação Psicológica*, v. 7, 2008.

FERREIRA, Lucelena. *Mulheres na liderança*: obstáculos de gênero nas empresas & estratégias de superação. Rio de Janeiro: Red Tapioca, 2019.

GAZIRI, Luiz. *A ciência da felicidade*: escolhas surpreendentes que garantem o seu sucesso. São Paulo: Faro, 2019.

HINCHLIFFE, Emma. "The female CEOs on this year's Fortune 500 just broke three all-time records". *Fortune*, 02/06/2021. Disponível em: <https://fortune.com/2021/06/02/female-ceos-fortune-500-2021-women-ceo-list-roz-brewer-walgreens-karen-lynch-cvs-thasunda-brown-duckett-tiaa/>. Acesso em: 24 out. 2022.

HUNT, Dame Vivian; YEE, Lareina; PRINCE, Sara; DIXON-FYLE, Sundiatu. "A diversidade como alavanca de performance". *McKinsey&Company.* Disponível em: <https://www.mckinsey.com/business-functions/organization/our-insights/delivering-through-diversity/pt-br>. Acesso em: 19 out. 2022.

HUNTER, James. *O monge e o executivo*: uma história sobre a essência da liderança. Rio de Janeiro: Sextante, 1998.

JIRONET, K. *Liderança feminina*. São Paulo: Paulus, 2012.

KAWASAKI, Guy. *Encantamento*: a arte de criar emoções, ideias e atitudes vencedoras. Rio de Janeiro: Alta Books, 2012.

KESTENBAUM, Normann. *Obrigado pela informação que você não me deu*. Rio de Janeiro: Alta Books, 2016.

KROSS, Ethan. *A voz na cabeça*: como reduzir o ruído mental e transformar nosso crítico interno em maior aliado. Rio de Janeiro: Sextante, 2021.

MANUS, Ruth. *Guia prático antimachismo*. Rio de Janeiro: Sextante, 2022

MENDES, Valéria. "Rivalidade feminina é mito: você sabe o que é sororidade?" Site Uai, 11/04/2016. Disponível em: <https://www.uai.com.br/app/noticia/saude/2016/04/11/noticias-saude,190356/rivalidade-feminina-e-mito-voce-sabe-o-que-e-sororidade.shtml>. Acesso em: 26 out. 2022.

OTAVIO, Angelo. *Líder por amor*. São Paulo: Figurati, 2020.

OWEN, JO. *Assim nasce um líder*. São Paulo: Lafonte, 2017.

PACÍFICO, João Paulo. *Seja líder como o mundo precisa*: impacte as pessoas, os negócios e o planeta. Rio de Janeiro: Harper Collins, 2022.

PARMELEE, Michele. "Don't want to lose your Gen Z and millennial talent? Here's what you can do". Disponível em: <https://www2.deloitte.com/us/en/insights/topics/talent/deloitte-millennial-survey.html>. Acesso em: 04 nov. 2022.

PIOVAN, Ricardo. *Resiliência*: como superar pressões e adversidades no trabalho. São Paulo: Reino Editorial, 2016.

PULSE RH. "O que é liderança servidora". Disponível em: < https://www.pulserh.com.br/blog/o-que-e-lideranca-servidora/>. Acesso em: 17 nov. 2022.

ROCK, David. *Liderança tranquila*: não diga aos outros o que fazer. Ensine-os a pensar. São Paulo: Elsevier, 2006.

ROSENBERG, Marshall. *Comunicação não violenta*. São Paulo: Ágora, 2006.

SACAVÉM, António, *Aprenda a dizer não sem culpas*. Lisboa: Manuscrito, 2018.

SANDBERG, Sheryl. *Faça acontecer*: mulheres, trabalho e a vontade de liderar. São Paulo: Companhia das Letras, 2013.

SCHLOCHAUER, Conrado. *Lifelong learners*: o poder do aprendizado contínuo. São Paulo: Gente, 2021.

SINEK, Simon. *Líderes se servem por último*: como construir equipes seguras e confiantes. São Paulo: HSM, 2015.

SOUZA, Adilson. *Liderança espiritualizada*: a humanização das organizações. Lisboa: Lisbon Internacional Press, 2022.

SOUZA, Babi. *Vamos juntas?* O guia da sororidade para todas. Rio de Janeiro: Galera Record, 2016.

SOUZA, Celso de Souza e. *Liderança diferenciada*. Blumenau: Edição do autor, 2015.

TANURE, B.; PATRUS, R. *Você e seu barco*. Rio de Janeiro: Qualitymark, 2022.

TAWIL, Elisa. *Proprietárias*: a ascensão da liderança feminina no setor imobiliário. São Paulo: mqnr, 2021.

THEBAS, Cláudio. *Ser bom não é ser bonzinho*. São Paulo: Planeta, 2021.

VIEIRA, Katiane. *Sucessologia*: como as palavras influenciam no seu sucesso. S/l; Edição do autor, 2019. *E-book*. Disponível em: <https://katianevieira.com.br/sucessologia/>. Acesso em: 10 nov. 2022.

As autoras

Leny por Cássia

Eu tenho a sorte de conviver com Leny Kyrillos há mais de 20 anos. Nosso contato inicial foi na minha primeira passagem pela Rádio CBN, quando ela me atendeu como fonoaudióloga: melhorou a minha vida, como tem o costume de fazer com as pessoas. Aprendi com ela muito sobre comunicação e sobre a minha voz, tanto nos aspectos técnicos como nos mais subjetivos.

Na minha segunda passagem pela CBN, já como âncora, passei a participar, ao lado de Carlos Alberto Sardenberg, de uma conversa semanal com a agora nossa comentarista Leny Kyrillos, no quadro *Comunicação e Liderança*. Em pauta, as dúvidas dos ouvintes, as características da comunicação de quem sabe liderar, a análise de pronunciamentos marcantes de autoridades e o caminho daquelas e daqueles que querem aprimorar suas ferramentas de comunicação para construir uma trajetória profissional consistente.

Em todas as semanas do quadro aprendia alguma coisa e, em muitos momentos, me identificava profundamente com os casos apresentados.

Leny Kyrillos é uma profissional inspiradora: vive o que ensina e segue aprendendo numa jornada de estudos, troca com colegas, interação com clientes e curiosidade genuína pela vivência dos ouvintes. A parceira ideal na escrita de um livro que, se depender de pessoas como ela, um dia vai se tornar obsoleto: no dia em que a paridade de gênero nas posições de liderança se tornar realidade.

Agora a apresentação mais formal: Leny Kyrillos é fonoaudióloga, doutora em Ciências dos Distúrbios da Comunicação pela Unifesp. Faz consultoria e assessoria de comunicação. Comentarista do quadro *Comunicação e Liderança*, na Rádio CBN. Faz palestras no Brasil e no exterior e é organizadora e autora de diversas publicações. Pela Contexto, publicou *Comunicar para liderar* (com Mílton Jung) e *Comunicação e liderança* (com Carlos Alberto Sardenberg).

Cássia por Leny

Cássia Godoy é dessas mulheres encantadoras, que exercem a profissão com excelência e amor. Um ser humano especial, daqueles que adoramos ter por perto.

A nossa história começou quando a atendi na rádio CBN. Logo no início, a Cássia me chamou a atenção por sua dedicação em se aprimorar, em se desenvolver como profissional.

Depois de um tempo trabalhando em outros lugares, para a nossa sorte, a Cássia voltou à CBN, agora como âncora nos dois principais jornais da casa, o *Jornal da CBN*, ao lado do competente e querido Mílton Jung, e o CBN Brasil, junto do admirável e também querido Carlos Alberto Sardenberg. O nosso quadro, *Comunicação e Liderança*, já existia desde 2015. E como ganhamos com a chegada da Cássia! Sua sensibilidade, seu senso crítico, sua visão apurada sobre as coisas fizeram com que as nossas "conversas" no ar ficassem muito mais instigantes e agradáveis.

A Cássia consegue um nível absurdo de aproximação com os ouvintes. Tem uma habilidade ímpar de formular as suas ideias com simplicidade e clareza. Sabe o que interessa às pessoas que nos ouvem e seus comentários são sempre pertinentes e interessantes.

No ambiente em que vivemos, sempre dinâmico e mutante, fico muito feliz por observar o tanto que as mulheres vêm ocupando cada vez mais seus espaços, com domínio pleno e valor, com dedicação e muita vontade de se aperfeiçoar.

Cássia Godoy é um exemplo dessa conquista. Ela atua junto a dois monstros do jornalismo brasileiro e se destaca, com profissionalismo e competência.

Nascida em São Paulo, Cássia Godoy é jornalista e apresentadora da Rádio CBN. Formou-se em Jornalismo na Universidade Metodista de São Paulo. Apaixonada por rádio, por ouvir e contar histórias, já passou pelas redações da Rádio BandNews FM e da Univesp TV.

Agradecimentos

Este livro nasceu a partir da nossa vivência e experiência na coluna *Comunicação e Liderança*, idealizada pela querida jornalista Mariza Tavares, uma grande líder e mulher inspiradora para estas duas autoras, a quem agradecemos muito e sempre. Agradecemos também à Rádio CBN, na figura de seu diretor Pedro Dias Leite, que abriga esse espaço em que as dúvidas de todos, inclusive de muitas mulheres, encontram terreno fértil para serem discutidas. E, claro, agradecemos à grande oportunidade de termos a escuta ativa e a interação tão produtiva do jornalista e âncora Carlos Alberto Sardenberg, que, no CBN Brasil, sempre esteve ao nosso lado numa condição de paridade, neste mundo ainda tão hostil com as profissionais mulheres, especialmente com aquelas que não pedem permissão para chegar ao topo das próprias carreiras.

Agradecemos às maravilhosas e inspiradoras mulheres que aceitaram participar do nosso livro como entrevistadas, e que tanto o enriqueceram com suas experiências pessoais e profissionais.

À querida Ilana Berenholc, pelo texto tão importante e didático. Sua imagem de mulher de sucesso é inspiração!

Após a realização de um trabalho em conjunto em Salvador, no aeroporto, o jornalista Renato Krausz sugeriu para mim, Leny, o nome de nosso livro! Um homem sensível e parceiro da causa feminina, que tinha acabado de escrever um artigo em sua coluna semanal na revista *Exame* com o título: "Todo poder às mulheres"; a ele, nosso muito obrigada!

Agradecemos também ao jornalista Paulo Jebaili, pelo apoio editorial e pelas ricas discussões sobre o conteúdo do livro.

Agradecimentos Cássia Godoy:

À minha mãe, Maria Anita de Souza, e às minhas tias, Maria Dolores e Carmen Godoy. Três mulheres que forjaram a mulher assertiva que eu sou e que foram feministas sem saber.

Agradecimentos Leny Kyrillos:

À minha mãe adorada, Lourdes (em memória), e às queridas Tia Maria e D. Ivette, por todo o apoio, exemplos de força, de poder e de amor em diferentes fases da minha vida.

Aos queridos Cláudio e Leonardo, por serem a família que eu pedi a Deus, fonte de apoio e motivação para mim.

A todas as mulheres que eu tive a honra de atender, cuidar e contribuir para o desenvolvimento de sua comunicação e liderança, agradeço a confiança e a oportunidade de aprender tanto a partir de seus modelos de profissionais e principalmente de seres humanos. E às queridas Cristina Piasentini e Ana Escalada, exemplos de líderes assertivas e empáticas, com quem tive e tenho a honra de conviver.

GRÁFICA PAYM
Tel. [11] 4392-3344
paym@graficapaym.com.br